한여름 날의 기도

이인복
이경훈
오수록
고계영

프란치스코
출판사

한여름 날의 기도

초 판 2022년 6월 25일
지은이 이인복, 이경훈, 오수록, 고계영
표지 및 내지 디자인 김화진

펴낸이 김상욱
만든이 조수만
만든곳 프란치스코 출판사(제2-4072호)
주 소 서울 중구 정동길 9
전 화 (02) 6325-5600
팩 스 (02) 6325-5100

ISBN 978-89-91809-41-3   03810
값 15,000원

한여름 날의 기도

이인복
이경훈
오수록
고계영

차례

추천의 글 　김상욱　　　　　　　　　　06

펴내는 글 　이인복　　　　　　　　　　10

나이먹기 　이인복　　　　　　　　　　19

신비의 소리 　이경훈　　　　　　　　　99

가난한 순례자의 노래 　오수록　　　169

아모르의 궁궐 　고계영　　　　　　　239

추천의 글

김상욱 요셉 신부, 작은형제회 관구 봉사자

　최근 들어 저는 여러 사건과 만남들을 통해 우리의 고유성에 대해 생각하고 묵상하는 시간을 가질 수 있었습니다. 프란치스칸들은 개인의 고유성은 이를 주신 하느님과 연결되어 있고, 각자에게 씨앗으로 주어진 개인의 고유성이 피어나게 됨에 따라 하느님이 보여지고 들려지고 만져지고 맛과 멋과 향기를 풍긴다고 합니다. 그러하기에 개인의 고유성은 개인적인 차원을 넘어서서 하느님적 차원이 됩니다. 그리고 하느님을 드러내고 피어나게 하는 개인의 고유성은 하느님 사랑의 본성에 따라 다른 이와 다른 것 안에서 피어나고 다른 이와 다른 것을 향하기에 공동체성을 띄고 있습니다. 하느님 안에 피어난 개인의 고유성은 하느님을 일으키고 나와 너인 사람과 피조물들을 살아나게 합니다.
　최근 들어 저는 개인의 고유성이 개인이 잘하고 좋아하는 것만이 아니라 개인의 역사와 개인의 약함까지도 포함하고 있음을 경험하게 되었습니다. 제가 아는 지인 한 분이 삶의 많은 역경을 극복하며 이제 막 자기의 삶을 펼치려 할 때 '췌장암 4기'라는 판정을 얼마 전에 받았습니다. 그는 이 갑작스런 병고 앞에서 욥처럼 처절하게 하느님께 질문을 던졌습니다. "Why me!(왜 저에게 이런 고통을 주십니까!)". 그는 하느님께 묻고 한탄하며 기도하였고 이 과정에서 그의 질문은 'Why me!'에서 'Why not me?(왜 나는 예외여야 하는가?)'로 바뀌었습니다. 이 변화를 겪으면서 그는 자기가 만난 'Why not me'에 대해 이렇게 성찰하였습니다. "삶의 본질에 대한 깊은 이해가 생겨났습니다. 나의 보잘것없음에 대한 수용이 일어났고 '내 삶이 뭐 그리 특별하지 않고 뭐 대단한 예외도 아니구나!'라는 통찰이 'Why me' 자리를 대신하게 되었습니다". 그는 며칠 전에 의사로부터 죽음을 준비하라는 통지를 받았습니다. 그리고 그는 저와 그가 아는 이들에게 그동안 감사했다며 간단한 소식을 전했습니다.

그동안 저는 그가 병고를 겪으며 쓴 블로그의 글을 읽을 기회를 가졌고, 그와 간간이 메시지를 주고받으며 그의 죽음 과정에 함께할 수 있었습니다. 그의 메시지를 받고 저는 이런 글을 그에게 보냈습니다. "죽음 자매가 형제님에게 다가왔군요. '오늘은 너, 내일은 나'라는 말이 떠오릅니다. 결코 벗어날 수 없는 죽음을 우리는 피하고 벗어나고 싶어 합니다. 그런데 이 모든 과정도 하느님의 초대가 아닌가 싶네요. 우리가 하느님의 초대에 응답하면, 우리는 '나의 힘으로 나를 특별하게 만들고자 함'에서 '나는 특별하지 않구나!(Why not me!)를 알아차리고 그러한 삶을 살게 됩니다. 이는 동시에 나의 삶은 특별할 필요가 없지만 하느님께는 고유하고 소중한 삶이라는 인식과 그러한 삶으로 나아가게 이끌어 주지요. 이미 형제님께서 하고 계시듯이 죽음 앞에서 가족과 함께 죽음의 시간을 외면하지 않고 사랑 가운데에서 사랑을 낳는 것도 하느님의 고유함을 사는 순간이 아닌가 싶네요".

저는 그와의 만남을 통해, 개인의 고유함은 개인의 역사, 개인의 관계, 그리고 개인의 고통과 죽음을 통해서 피어나고 드러날 수 있음을 인식하게 되었습니다. 개인 삶의 순간에 피어난 이 고유함은 하느님의 빛을 내며 우리에게 살아계신 하느님을 알려 줍니다.

이 시집에 글을 쓴 이들은 각각 다른 삶의 배경을 가지고 각자의 방식과 색깔로 삶의 순간들을 노래하고 있습니다. 그러하기에 이 시들은 서로 다를 수밖에 없습니다. 하지만 이 시들이 품고 있는 고유함에는 하느님이 담겨져 있기에 서로 연결되어 있습니다.

이인복 교수는 분단의 아픔 속에 헤어진 부모님과 오빠 동생을 그리워하고 삶의 끝자락에서 당당하게 죽음을 연습하며 그리워하는 이들과의 만남을 시로 표현했습니다. 이경훈 수사와 오수록 프란치스코 수사는 하느님의 눈으로 일상을 바라보며 일상사에 담겨지는 하느님의 세계와 하느님의 소소한 아름다움을 노래하고 있습니다. 고계영 신부는 '아모르'라는 사랑을 묘사하고 있습니다. 성경의 아가서가 하느님의 사랑을 남녀 간의 사랑으로 표현하듯, 고계영 신부는 성과 에로스라는 고유성에 담겨지는 아모르를 노래하며 그 감미로운 세계를 피어나게 하였습니다.

이 시들을 지은 이들은 각자의 색깔로 각자의 삶에서 만난 고유한 하느님을 노래하며 그 하느님이 피어나게 하였습니다. 이 움직임이 우리에게 전달되고 우리 마음 공간에 자리를 잡는다면, 우리 또한 감동받고 웃음 지을 수 있고 마음이 먹먹해지는 공명도 일어날 것입니다. 우리 안에서 그들의 고유함은 나의 고유함으로 전달되고 살아날 것이며 또한 우리의 고유함에 영감과 힘을 주어 우리의 고유함을 피어나게 할 것입니다. 이 모든 것이 하느님께서 일으키시는 기적입니다.

이 시를 지은 이들과의 인연을 허락하신 하느님께 감사드립니다. 그리고

이 인연이 저와 이 글을 읽는 이들에게 또 다른 인연으로 자라나 하느님의 색색의 세계가 온 세상을 채우기를 희망합니다.

펴내는 글

이인복 마리아

장마가 걷히고 햇볕이 따가운 중복 날입니다. 포천 산속에 있는 성가정도재(聖家靜禱齋).
시가와 친가 네 분 부모님 묘소를 지키며 시묘(侍墓)생활을 합니다.

20년 전(2000년), 보사부 연수원에서 공직자들을 상대로, 매주 한 번, 강의한 일이 있습니다. 어느 날 담당 과장님이 어린 소녀의 생명을 구해 달라 하셨습니다.

"오늘 심장판막수술을 안 하면 더 살지 못한다고 합니다." 하시며, 그 아버지가 가지고 있는 밭을 줄 것인데 그 땅을 찾아가 볼 것도 없고 가격을 알아볼 필요도 없고, 빨리 소녀를 살릴 수술비만 송금하자 하셨습니다. 하자는 대로 했습니다.

산언덕 위의 농지를 정비하여 네 분 부모님을 모신 후, 땅이름을 '부모님 영지(影地)'라 이름 짓고, 그 영지 아래 집터를 사서 집을 짓고, 성가정도재(聖家靜禱齋)를 마련하였습니다.

바람과 소나무와 잣나무와 들꽃과 새벽안개와 저녁노을이 아름답습니다.
지상의 끝자리이고 천국의 입구가 이런 곳이라 생각하며 살고 있습니다.
세상 어디도 부럽지 않은 평화로운 마을. 해와 달과 별들이 차례로 지고 뜹니다.

새벽에 눈을 뜨면 왼손에 묵주를 들고 기도하며 하루를 시작합니다.
바른손으로는 글도 쓰고 밥도 먹고 청소도 하고 편지도 쓰고 전화도 받습니다.
바른손이 하는 일도 물론 성가정도재(聖家靜禱齋)에서는 일상의 기도입니다.

햇실이 쨍쨍힌 중복 날, 한여름 날 오후의 기도입니다.
마당에 내려가 묵주를 왼손에 들고 기도하는데, 호랑나비가 나를 따라다니더니 뜨거운 줄도 모르고 마당에 내려앉습니다. 잠시 후 나비가 염려되어 뒤돌아다보니, 나비의 발이 지열에 화상을 입어 필사의 힘으로 날개를 파닥입니다. 엄지와 검지로 나비 날개를 잡아 풀숲에 눕힙니다. 거기서 쉬고 기력을 찾아 한 시간쯤 지나자 날아갑니다.

땅이 뜨거운 줄도 모르고 지렁이가 기어 나와 시멘트 바닥에서 화상을 입고 꿈틀거립니다. 풀을 뜯어 지렁이를 싸안아 풀숲에 넣어 주는 것이 여름 날 기도 중의 하나입니다.

새들과 나비들이 마당을 돌다가 앉을 자리가 없어 힘겹게 날아가는 것이 안쓰러워 빨랫줄을 마당에 만들어 줍니다. 나비와 새들과 잠자리들이 날아와 앉아서 놀다 갑니다.

그 생명의 몸짓들이 너무 귀하여 가슴이 저립니다.

그늘진 땅을 호미로 파 열무 씨를 뿌리면 사흘만에 싹이 트고 닷새 되는 날 잎이 너울거립니다. 생명의 신비를 보며 가슴이 뜨겁습니다. 신령스런 하느님 몸의 세포들입니다. 풀잎 하나하나 나뭇잎 하나하나 우주의 생명들이 모두 우주적 하느님 생명체의 세포들, 열무 싹 하나하나가 하느님 몸의 일부입니다. 나비도 지렁이도 열무 싹 하나하나도 다 형제요 자매라는, 프란치스코 성인의 가르침을 따라 깊은 관상(觀想, contemplation)에 빠집니다.

하느님 성삼께서 현존하시는 다정한 마당을 거닐면, 영원무궁 속에서는 천년도 하루이고 이슬 한 방울에도 우주가 있고 찰나 속에 영원의 시종(始終)이 있다는 윌리엄 블레이크의 시가 가슴에 절실하게 스며듭니다. 이 시 한 구절에 놀라 영원무궁에로 영혼이 깨어나 하느님을 믿게 되고 드디어는 관상수도회(觀想修道會)의 수사 신부가 된 토머스 머튼과, 머튼이 사랑한 프란치스코 성인을 기도 속에서 만납니다. 하루에서 영원을, 그리고 잠시 거닐다 가는 이 따스한 지평에서 무한을 보며, 오늘도 살아 숨 쉬게 하시는 하느님께 감사합니다.

풀잎 하나하나에서, 내가 임종을 못 지킨 나의 어머니와, 6·25 한국 전쟁으로 잃은 아버지와 형제들의 생명 부활을 순간마다 마주 보며, 대화합니다.

먼저 하느님께 가 있는 가족들 모두와 지금 살아 있는 나는 공생 공존하는 신비체입니다.

하느님 나라로 먼저 간 것도 은총이고 아직 살아 있는 것도 은총입니다.

산골 마을에는 일찍 저녁 그림자가 내려앉습니다.
도시보다 훨씬 빨리 저녁노을이 천상의 한 자락처럼 내려앉습니다.

맑고 투명한 보석이 절대 고요를 깨뜨리며 발등에 툭 떨어집니다.
감사의 눈물입니다.

감사의 눈물보다 아름다운 보석은 세상에 없습니다.
사랑하는 생명, 생명의 그리운 얼굴들이여!

살아온 날이 감사하고 살아갈 날이 은혜롭습니다.
'이 시대의 그리스도인'이신, 작은형제회 수도자님들의 관상시 속에, 제 글을 함께 담아 시집을 펴 내 주시는, 하느님의 자비로운 섭리에 감사합니다. 고령에도 살아 있게 하느님이 은총 주시었습니다. 시인도 아닌 사람이 수도자들의 귀한 시 안에 함께 제 글을 수록해 주시는 작은형제회 수도자들에게도 감사합니다.
하느님 성삼께서는 온 인류와 우주 만물로부터, 영원무궁토록, 찬미 영광 받으소서. 아멘.

6·25 한국 전쟁에서 아버지와 형제자매를 잃고, 뾰족탑 집을 찾아 들어가

고함치며 우는 저를 답동 성당 임종국 바오로 신부님이 발견하시어 사제관에서 며칠을 먹이고 재우시다가, 성모원이라는 고아원을 찾아 넣어 주시고, 6년간 인천 박문여자중고등학교를 보내어 졸업시켜 주셨습니다.
이어서 숙명여대에 진학해서는 최우수 장학생이라는 이름으로, 하느님이 저를 졸업시켜 주셨습니다.

중·고등학교와 숙명여대 교수 40년간의 교직을 정년퇴직하며, 평생 연금과 퇴직금을 일시불로 받아 5층 500평집을 평창동에 짓고, 가정폭력피해여성 보호시설인 나자렛성가원과 성매매피해여성 보호시설인 나자렛성가정공동체를 개원했습니다. 전 재산을 바쳐 <사회복지 법인 나자렛 성가회>를 창설, 사회에 출연하였습니다. 그래서 성가원, 성가정, 성가회는 모두 서울시의 자산입니다.

시설 운영 이유는 6·25의 이별과, 어머님의 유언과, 나눔의 영성에 기인했습니다. 내가 말레이시아의 페낭 싸인즈 국립대학교에서 교수로 일하던 때였습니다. 마호가니나무의 폭이 넓고 육중한 침실 문이 열리지도 않았는데 문을 투과하여 어머니가 들어오셨습니다.
"딸아! 성모님 손잡고 하늘나라로 간다. 부탁이 있다. 6·25 직후, 네가 무면허 간호사로 페니실린을 주사해 주던 기지촌 여성들이 지금도 너무 많다. 귀국해도 너는 대학교수일 터이니, 그 딸들을 부탁한다."라고 유언하셨습니다. 서울대학교 교수이던 남편 심재기 바오로가, 애도의 편지를 보냈는데, 어머니를 뵌 그 시각에 어머니가 돌아가신 것을 알았습니다. 신비체험입니다.
6·25 한국 전쟁 직후 유엔군들을 상대로 성매매하던 여성들을 치유하려

는 목적의 보건소에 취직하여, 무면허 간호사로 일하던 때, 나는 온종일 여성들에게 성병약으로 페니실린을 주사했습니다. 4,700명 여성들을 나누어 6일에 걸쳐 주사하였고 주사필증이 없으면 유엔군들의 입실이 금지되었습니다. 그때를 생각하고 어머니 유언을 명심하며, 탈성매매를 위한 목적의 보호 쉼터와 가정폭력피해여성들을 위한 여성 보호 시설을 운영하기 시작했습니다.

숙명여대 교수를 정년 퇴임하던 때였습니다. 그런 시설들의 운영은 사회복지법인에서만 가능하다는 정부 지시를 받고, 전 재산을 염출, 사회복지법인 나자렛성가회를 기획했습니다. 일정 수준의 큰 자산이 담보되어야만 사회복지법인이라는 정부 인허가가 나온다 했습니다. 주저 없이, 행복하고 기쁘게, 복지법인에 소요된 기금을 다 합하여 서울시 자산으로 기여했습니다.

퇴직금 연금 등을 일시불로 받아 평창동의 5층 500평 집을 완성하고 수억의 현금을 합하여 보니 헌납액이 넉넉했습니다.

서울대 교수와 숙명여대 교수였던 우리 부부는 평생 거기서 살 결심으로 건물 5층을 살림집으로 설계했는데, 한 달이 지난 후 시청 직원들이 들이닥쳐 당장 나가겠냐 행정 처벌을 받겠느냐고 고함쳤습니다. 그래서 우리 부부는 빈손으로 집에서 쫓겨 나왔습니다.

평창동 건물에서는 법인, 성가정, 성가원에서, 현재 15명의 사회복지사가 일하고 있습니다.

저는 지금 경기도의 북쪽 끝, 포천 산속에 모신 네 분 어른, 시부모님과 친정 부모님 앞에서, 시묘의 삶을 살고 있습니다. 애들 아버지 심재기 형제의 연금으로, 부유하진 않으나, 행복한 날들을 살고 있습니다. 저희 집 당호는 성가정도재(聖家靜禱齋). 고요히 기도하는 성가원성가정입니다.

　제가 그리스도를 사랑하고 그리스도로부터 사랑받는 그리스도인이 아니었다면 할 수 있는 일이 아닙니다. 이 일을 할 수 있는 힘은 하느님 성부 성자 성령에게서 왔습니다. 하느님의 또 다른 이름은 사랑입니다.
　필요한 만큼 제때에 무상으로 풍성히 주심이며, 영적으로 나의 영육 안에 내재하시어 평화 안에서 합일되어 주심입니다.
　"평화, 기쁨, 사랑, 행복을, 하느님 현존 안에서" 사는데, 이외에 더 무엇이 필요합니까?

　하느님이 저에게 베푸신 은총은 헤아릴 수 없이 많지만, 인천 박문여자고등학교를 박문학교 이사장인 임종국 신부님이 졸업시켜 주시고, 숙명여대 국문과를 최우수 등록금 면제 장학생이라는 이름으로 하느님이 졸업시켜 주시고, 말레이시아 싸인즈 국립대학교 교수 역임 후 귀국하여 숙명여대 교수로 발령을 받은 것, 가톨릭교리신학원을 졸업하고 이어서 현도사회복지대학교를 졸업한 후 사회복지법인을 설립하면서 사회복지법인 나자렛성가회의 무보수 이사장이 된 것, 동보문학상, 대한민국문학상, 오늘의 여성상, 서울 성도 600년 자랑스런 서울시민패, F.G.I 인터네셔널 그룹상, 한국문학비평가 협회상, 국제 소롭티미스트 탁월한 여성상, 제10회 숙명문학상, 서울사랑 시민상, 숙명여대 창립 100주년 기념상, 제5회 유관순상과, 한국여성 지도자상 등이 스칩니다.

　상 받은 것이 좋은 것이 아니라 상 받음 때문에, 도지사, 시장, 군수들의 강의 요청을 받아 대중 강의가 전국의 기업체들에게까지, 또 KBS 라디오에서 매주 한 시간 방송에까지 이어져, 난방비, 냉방비, 인건비 등 성가원과 성가정공동체를 운영하는 경비 충당이 가능했기 때문입니다. 신비, 기적의 체험입니다.

이 불필요한 이야기를 시집 서문에 쓰는 이유는 하느님이 베푸신 은혜를 고백하고 싶어서입니다.
하느님은 눈에 보이지 않습니다. 그래서 눈에 보이지 않는 하느님을 대신하여 하느님께서 저에게 눈에 보이는 하느님을 하염없이 때맞추어 보내 주셨습니다. 작은형제회 수사님들, 박문여고 교사들인 바오로회 수녀님들, 신학생, 신부님, 세 분 주교님의 영적 지도를 끊임없이 받아 왔습니다. 누구든지 저를 보면 모두 무엇이건 가르쳐 주셨습니다. 그래서 많이, 정말 많이 배웠습니다.

그렇게 살아와 금년은 재속프란치스코회원이 된 지 22년, "성화완덕의 삶을 살라."는 프란치스코 성인과 클라라 성녀의 청빈 정결 순명의 삶을 공부하고 배우며, 실천하려고 최선을 다합니다.
이제는 이웃과 나누며 산다는 것이 어렵지 않습니다.

제 글들은, 몇 편 제외하고는 다 6·25 때 잃은 형제자매를 그리워하는 내용입니다. 이산가족들의 슬픔을 헤아리시며 이해해 주시기 바랍니다.

프란치스코출판사에서 펴낸 이 시집을 읽으시는 독자님은 누구나, 밥을 먹이고 잠을 재워 주고 영혼의 성채(거룩한 집, 안식처)를 지금도 현재형으로 마련해 주고 계신, 프란치스코 성인과 클라라 성녀의 형제자매들입니다.

독자님이 하느님의 크고 크신 은총으로 충만하기를 청원합니다. 그리고 초산의 애들 네 명을 업어서 키우시며 행복해 하시더니, 집으로 귀가하시어, 오고 싶어도 다시 못 오시고, 하늘나라에 가신 큰이모님께 이 시집을 펴내 송달합니다. 깊은 사랑과 존경을 담아서!

이산(離散) 일흔두 해 되는 2022년 6월 25일에,

이인복 마리아 씁니다.

나이 먹기

이인복 마리아

나이 먹기 1

말없이 고요하게 앉아 있어도
맑은 수묵화처럼 말하는 사람

그리운 사람을 그리워하며
잠 못 이룬 밤이 고마워
새벽 새 아침을 감사하는 사람

봄날 아지랑이 아른아른 눈 맞춤
그것으로 말을 대신하는 사람

아내가 다쳐 누워 있어 식사를 못 챙겨도
쟁반에 음식 담아와 아내에게 떠먹이는 지아비.

나이 먹기 2

"안녕하세요? 할머니!"
돌아보니 아무도 없고
내 그림자엔 고아원 뜨락 큰 우물에서
눈물을 길어 올리던 소녀가 울고 섰구나.

연합군이 버린 양말 뭉치가 스웨터로 바뀌던 밤엔
서러운 눈물도 별빛이더니

물가고에 도둑맞은 장바구니 안, 썰렁한 찬거리와 함께
너는 걷지 않고도 올라가는 에스컬레이터 계단 위
손주 녀석 웃음으로 돌아왔구나

앞만 보고 가자.
모진 겨울을 견뎌 낸 낙엽 한 잎이
꽃샘바람에 날려 서산 너머 노을로 타듯
앞만 보고 가자.

매연으로 찌든 언덕 바위 판자촌
지친 사람들 밥상머리에

가브리엘의 안젤루스
저녁 종소리로 웃으며 가자.

나이 먹기 3

실려 간다.
그날 어머니가 실려 가신 꽃수레에
오늘은 내가 실려 간다.

불치의 진단을 받은 날부터
나를 사랑한 사람만 아니라
미워한 사람도
그리운 이승의 끝

시한의 삶을 선고받은 날부터
아름다운 산천만 아니라
바닷가 쓸려 온 쓰레기 더미까지
정답고 소중한 이승의 끝

두고 가는 인정 막막하지만
잘 있거라, 만났던 일 없던 사람처럼
잘 있거라, 사랑한 일 없던 사람처럼
쉽게 말하마, "잘 있거라!", "잘 가거라!"
하느님이 '가자' 하시면

그날 어머니가 실려 가신 꽃수레에
오늘은 내가 실려 간다.

나이 먹기 4

대중가요 노랫말에 눈물 흘리며
스무 살 적 사랑을 돌이켜 보는 시간
우리 집 대추나무 아래 개나리 진달래

발부리에 채이던 돌멩이 하나
받침대에 올려놓고 눈길을 주니
잃어버린 세월에 윤기가 흐르네.

가슴에서 찬바람 밀어 보내며
건강식품을 챙겨 주는데
석양의 우편배달부
제자와 친지들의 혼인 청첩장과
친구의 아내 부음을 나란히 놓고 가네.

나이 먹기 5

처음이듯 마지막이듯 인화된 너의 얼굴
사진 한 장 수첩에 감추듯
가슴 깊은 곳에 인화된 얼굴
이젠 말하지 않으리
그리워 보고파 기다림
그리고 사랑이란 말

수첩을 열어 사진을 몰래 보듯
가슴 깊은 곳 밀실의 문을 열면
수묵화로 수채화로 늘 있는 얼굴들

낙동강도 금강산도 영산강도 한라산도
가슴 안에 함께 사는 이치를 배웠구나.

큰 산으로 큰 강으로
내 가슴에 네가 사는
이치를 이제야 배웠구나.

북한에 살아 있을
나의 형제들아, 자매들아!

나이 먹기 6

아비가 나온 대학을 첫째가 졸업했다.
어미가 나온 대학을 셋째가 졸업했다.
편지함에 날아든 동창회 신문
아비와 첫째, 어미와 셋째
두 세대가 앉아서 같은 글을 읽는다.

개나리 진달래에 황홀해지면
어느새 낙엽 지는 가을 산이 오고
설화 피어나는 겨울 산이 되는 세월

구순을 향해가는 가파른 비탈에서
의사의 처방을 듣는다.
섬유질 채식에 배변을 잘하고
아픔이랑 잊고 등산 다니라고

의사가 무어라 해도
엑스레이가 어떻게 나와도
내 병명은 의사보다 내가 더 잘 안다.
이산의 아픔 그리움이지 불면이지.

봄날 꽃들 며칠 만에 피고 지듯
그렇게 잠시 정 주고 간 사람들
이별이 병 되었지.
이별이 뼈 안에 구멍을 내었지.

가자 기다리지 말고 내가 가자
백두산 천지 그 너머까지
거기 가서 내가 너를 찾으리라
그리고 다시는 헤어지지 않으리라
하늘나라 가는 길도 손잡고 가리라.

나이 먹기 7

삼베옷 곱게 차려입은
반세기 과수댁 시어머니는
50년간 몰래 숨기고 본 신랑 사진
수줍게 손에 쥐고
합장으로 무덤에 묻히셨다.

20년 백골에 삼베옷 다시 입혀
친정어머니를 이장하던 때
내 얼굴을 남성화하여 아버지를 그려 달래서
합장으로 어머님과 함께 묻어드렸다.

성묫길에 품고 온 들꽃으로
이승까지 따라온 하늘나라 어른들
보랏빛 투구꽃 미나리로 얼싸안고
어르신들 사설이 생싯적 같구나.

내 배로 낳진 않았어도 네 속은 내가 다 안다.
너 모르게 숨겨놓은 비밀 금고 열어서
과수댁들 수도하는 기도의 집 지어 주마
시어머니 말씀이시고,

프란치스코 성인과 함께
가난하고 병든 이를 섬긴 글라라 성녀를 배워
이승의 사랑을 완성하여라.
친정어머니 말씀이시다.

양가 부모님 네 분
성령 안에서 화평하게
반세기 외로움 풀어 놓으며
하느님 나라 향기 풍기면서
미소 지으며 머리 끄떡이는
만남의 날

나이 먹기 8

1950년, 이산의 가슴 저린 병에 걸려
시린 손 혼자 녹이며 한을 견디었지.

사람도 사랑도 풀포기 꽃나무도
밥보다는 중요한 게 아니라고
무신경에 익숙하여 살아왔지.

밥술이나 먹게 되자
월급봉투 지폐 사이로
골수 관절 핏줄 사이로
생살 저미듯 불어 드는 시린 바람
뼈 아픈 찬바람.

풀포기 꽃나무도 산 그림자 구름도
앓는 소리를 하네.

나이 먹기 9

날자, 겸손하게 다시 날자.
다시 만난 사람들처럼 처음 만난 사람들처럼
슬프던 어제 끝나고 기쁜 오늘 내일이 다가오듯
그렇게 다시 시작하자.

과욕하지 말자, 겸허의 실바람 가슴에 안고
기대도 절망도 없이 천년 세월 비구름에 침묵하는
하늘의 말씀
바위의 침묵을 배우며 다시 날자.

기다림이 뼈가 되고 그리움이 살이 되고
서러움이 피가 되고
오늘이 천국이고 천국이 오늘이고
말 없는 천만년이 또 또 흐르더라도

다시 시작하자, 과욕하지 말고 겸손하게
뼈와 살과 피가 생명의 꽃들 되어 피어나는
새 아침 새날을 향하여
다시 날자, 다시 시작하자 오늘을.

나이 먹기 10

우리 담담하게 이별의 손을 흔들자.
입동의 밤하늘 보름달이 두둥실 서산마루까지
힘 안 들이고 다가오듯
어느새 우리 여기 와서

밤새 바라봐도 흐느끼는 보름달
감나무 마른 가지에 매달려
이승의 번뇌에 몸을 떨 듯
어느새 우리 여기 와서

두고 가는 자손들 친지들 미안해라.
손 저으며 마른 나무 가지에 매달려
동녘의 태양 하늘 중천에 오른 후에야
이승의 가슴 바람에 실려 보냈나
눈 한번 겸허히 감더니 서산마루로 간다.

보름달이 두둥실 서산을 넘어가듯
이승의 번뇌 땅 위에 풀어놓고

가자,

담담하게
우리도 이별의 손을 흔들자.

나이 먹기 11

일본 천황이라고 자칭하던 사람이
눈물을 쥐어짜던 우리의 8·15 해방절 전날까지
자존심 살리신다며 특실만 타시던 아버지

반세기가 흐른 해방공간전쟁 전에는
새마을 열차의 일반실도 해방 전 특실보다 편한데
비싼 값 치르고 특실만 타셨다.

오늘 특실 안에는 구석구석 어디나 아버지가 계신다.
아홉 살 어린 시절 추억이 아버지 혼백으로 다가선다.

해방에 이어 아버지 허리가 동강 나고
동족상잔에 이어 우리 모두 이산가족이 되었어도
나는 아버지 없이 산 날이 없다.

새마을 특실에는 어디나 아버지가 계신다.
북한에는 아버지 껍질이 남한에는 아버지 혼백이
반반으로 찢어진 이산 일흔두 해

어느 날 북한 가는 기차 개통되면
나는 첫 번째로 특등실 표를 사리라.
아버지 혼령이랑 함께 앉아 북청에 가서
아버지 유골에 혼을 입혀 드리리라.

북청 땅 사과 과수원 흙을 눈물에 섞어 바르고
천지연 물을 퍼서 유골을 닦아 드린 후
하느님처럼 나도 입김을 불어 넣으면
아버지가 살아나겠지 부활하겠지
드디어 얼싸안고 춤을 추겠지
이산가족 일흔 두 해

천지연 백록담 생명의 물이 되어
모세 혈관 속까지 스며들겠지
백스물여섯의 젊으신 아버지와 구순의 할머니 어린 딸이

나이 먹기 12

81세에 암을 앓다 가신 시어머님
오늘은 말씀 되시어 내 곁에 앉아 계신다.

노루 꼬리만큼 남았다고 강조하시던 말씀
짧다는 의미의 메타포

아침에 눈을 뜨면
인생이 노루 꼬리만큼 남았다고
세포들이 말하고

열두 폭 병풍에 새기는 한 평생
오늘은 열두 번째 병풍 한쪽에
내가 수를 놓고 있다.

노루 꼬리 쥐꼬리만큼 남은 날의
찬란한 새벽 종소리며 기상나팔
오늘은 평생 받은 사랑 그 하나로
우리 가족 모두의 영생을 준비한다.

나이 먹기 13

어디 계시는지
죽기 전 살아서 한번 다시 손잡아 보자는 건데
다시 품에 안겨 보고픈 건데

시린 가슴 시린 손에 입술 닿으면
또 한 세대가 무위 속에 다시 흐른대도 그뿐.

밥술이나 먹게 되자 그리움이 병 되어
마른 풀잎처럼 누워 버린 지금은
은행 봉투 지폐 사이로
생살 저미듯 불어 나오는 찬바람

일흔두 해의 그리움.

어디들 계셔요?
살아들 계셔요?

이산 일흔두 해.

나이 먹기 14

의사들의 처방에 따라
평생 처음 팔굽혀펴기를 해 본다,
심장에 좋다고.
생전 처음 등산을 한다,
노인성 퇴행성 관절염에 좋다고.
현미밥을 먹는다,
변비 치료에 좋다고.
채소를 먹고 물을 많이 마신다,
지방간 치료에 특효라고.

그러나
의사들의 처방법으로는 내 병 고칠 수 없다.
내 병 치료법은 하느님만 아신다.
북청 사과밭에 가서 사과를 먹는 것
평양냉면 함흥냉면 원조 집에 가는 것
일흔두 해 전 그때로 돌아가
두만강 압록강 둔치에서 썰매를 타는 것
그래서 내 병 치료법은 하느님만 아신다.
분단 일흔두 해에 병든 몸 병든 산하
동강 난 내 허리 병.

내 병 치료법은
하느님과
이산가족 말고는
아무도 모른다.

나이 먹기 15

그리움이 익어서 산이 되네
열정의 고백도 쓴 약 삼키듯 품에 감추고
오관의 날개 접어 열망을 숨긴
한 덩이 커다란 바위가 되네.

목숨은 나뭇가지에 걸린 새벽 별빛
별들이 하나둘씩 차례로 스러지고
푸른 잎새들 메말라 낙엽이 되어 버린 날에나
말없이 형제들을 기다려
바람 소리에도 귀 열고
두 눈 크게 뜨고 숨 쉬는
한 덩이 돌덩이, 화석이 될까?

나이 먹기 16

북한 하늘
타는 노을에 무지개 하나 세우니
가브리엘의 안젤루스 저녁 종이 울린다.

칠흑의 동굴이던 가슴에 노을이 불을 밝혀
가브리엘의 안젤루스 북한 하늘 너머로
다리 하나 세운다.

나무도 바람도 산마루 바위도 그리움에 타서
향유 되어 흐르는 이 저녁의 노을.

타는 노을 타는 가슴
남북한 하늘 밝히는
무지개 다리 되어
무지개 빛살 되어

가브리엘의 안젤루스
남북한 하늘에
다리 하나 세운다.

나이 먹기 17

뱃길 네 시간 이편저편에 내가 있고 네가 있어도
하늘 비행기길 저편 이편에 네가 있고 내가 있어도
나 너를 그리매 너 있고
너 나를 그리매 나 있거니

뱃길 기차길 열 시간 이편저편에
네가 있고 내가 있어도
나 너를 그리매 너 살고
너 나를 그리매 나 살거니

천국이 다른 곳 아니구나
흙으로 토담 쌓고 묵은 신문지로 도배하고
통나무 밥상 위에 풀 국 끓여 놓고
너를 기다리는 날이 오면
동생아!
그때쯤 누나 누나 하며 날아와
여기 내 앞에 마주 앉으렴

중국 끝머리 압록강 앞에 앉아
북한 땅 어딘가에서 숨 쉬고 있을 오라비들 생각하며

이 글을 쓴다.
동생 효신아. 효성이 오빠야.

나이 먹기 18

죽음은 순간의 단념
안녕! 이별하며 죽음을 연습한다.

만남은 순간의 부활
안녕! 악수하며 만남에 다가선다.

만남이나 헤어짐에 마지막인 양
유언을 장만하면
가슴 속 깊은 곳에선
뼈가 녹는 소리 살이 삭는 소리
피가 마르는 소리

코끝에 매달린 눈물방울이
비장한 용기로 뛰어내리듯
가자! 대지로!
두 손 모으고 눈을 감는다.

안녕! 너와 이별하며
안녕! 너와 악수하며
죽음은 만남을 준비하는 것

죽음은 이별을 연습하는 것

일흔두 해 보고팠던 너를 못 보고
이제는 누나가 먼저 가겠구나.

한 살 아래 동생 효신아!
두 살 위인 효성 오빠야!

나이 먹기 19

갔구나
산을 넘고
바다를 건너
하늘을 날아
너는 갔구나
어쩌나
너를 잃고 남겨진 이 기나긴 세월
네가 보고 싶어 어찌 사나

손 한 번만
다시 잡아 보자
네 가슴에 다시 한번
입술을 대 보자
한 번만 더
숨 쉬어라
예쁜 옷 만들어 입혀주마
한 번만 더 숨 쉬어라
교수도 명예도 예술도 다 버리고
내 너만을 사랑하마

연년생 동생 효신아

나이 먹기 20

처음이요 마지막으로
가슴에 인화된 너의 얼굴
사진 한 장
수첩에 간직하듯
가슴 깊은 곳에 인화된
너의 얼굴
이젠 말하지 않으리
그리움 보고픔
사랑이란 말들
수첩을 열어
사진을 훔쳐보듯
가슴 깊은 곳 밀실의 문을 열면
거기
인화된 네 얼굴 찾으리니
우리 어디 있어도
다른 것 없으리니
남쪽도 북쪽도 한라산도 백두산도
이젠 내 가슴 안에
함께 있으니

나이 먹기 21

입에 담기 힘들었던 말.
잘 가거라
오늘은 선선히 이 말 하자

이별은 내 짝이요 그림자.
너는 바람처럼 창공에 나부끼고
노을 진 서쪽 하늘이 되어
나는 매양 그리움에 가슴을 태웠거니

어이 다 말하리
발부리 돌 끝에 다치던
일흔두 해 전 우리 마을 추억의 골목들을

그러나 오늘은 말하리라
잘 가거라
이별 뒤에라야 활활 타오르는
영혼의 갈증으로
덤덤히 이 말 하마
잘 가거라
저녁노을은 아침노을을 잉태하고

아침노을은 저녁노을을 낳아 주듯
나 또한 순리대로 말하마
잘 가거라
진종일 마음은 한 가슴에 있어도
육신이 멀리 있어 애간장 끊어지던
이승의 세월

배고프진 않니? 춥진 않니? 아프진 않니?
내 잘못은
너보다 내가 더 너를 사랑했음이요
내 잘못은
너의 율법보다 나의 진실이 더 뜨거웠음이니
내가 진정
너를 사랑했구나
잘 가거라
일상의 화평 속에
아프지 마라 동생아

이쯤에서 너를 풀어놓아도
추억은 풀씨 되어

산천에 무수히 피어나리니
잘 가거라
잘 있어라
이별은 바람의 얼굴
이별은 임종의 다른 얼굴이구나

아프고 마디지고 거칠어져
죽음이나 가까이서 잡아 줄
내 텅 빈 손으로
내가 할 일은
기도일 뿐
잘 가거라
너와 나
임진강 위아래로 멀리 있어
끝내 맺지 못한 이승의 사랑
오늘은 선선히 쉽게 말하마
잘 가거라 동생아, 창조주님 품으로.

나이 먹기 22

너 지금 어디 있니
철새들이 철 따라 다녀가듯
밤낮없이 운명으로 다가오는
불에 덴 상처 같은 아픔

너 지금 어디 있니
영육이 타서 사라지는
십자가의 상처 같은 아픔

의사 앞에 앉으면
눈빛 한 번에
아기가 되는데
눈빛 한 번에
무언의 언어
눈빛 한 번에
노인이 아기 되고
눈물이 보석 되고
슬픔은 환희 되게 할 사람

너 지금 어디 있니, 동생아

찢어진 가슴에 손을 얹으면
상처 아물어 새살 돋으리니
의사 앞에
순종하는 아기처럼
눈빛 한 번에
피도 멎어 치유되리니
오너라
시린 손 잡으러 오너라
열 손가락
뼈마디 모세 혈관 사이에도
생명이 살아나리니

나이 먹기 23

검은깨 한 주먹 뿌린 듯 눈앞에 모기들이 날아다녀
서른 해 무사고 운전에 끝을 내었다.
구순이 눈앞인 어린 딸

6·25에 실종된 아버지와 오라비가 눈앞에 아른거려
몇 번이나 눈 비비며 살펴 보았다.
의사의 말로는 비문증(飛紋症)이란다.

담이 결리고 어깨허리가 녹슬어 병원에 갔더니
뼈도 살도 그리움에 무너지는 구십견이란다.

스물세 시간 책 읽고 글 쓰고
한 시간쯤 졸다 깨어도
제비처럼 날렵하게 하루 열 시간 수업도 거뜬했는데
이제는 눈도 어깨도 가슴도 시원치 않다.

세포들이 쉬자 한다
혈관들이 눕자 한다
북녘 하늘 아버지 고향 땅에 가자 한다.

여름 한낮의 졸음처럼 밀려오는
서러움,
그리움,
죽음만큼 힘겨운 노을빛 보고픔.

판문점 너머 어디에선가
중절모에 단장 짚고 옛날처럼 퇴근하시는
백이십육 세 아버지와 구순의 오라비들

일흔두 해 세월에 하염없이 늙어 가는
이산(離散)의 어린 딸
구순의 어린 동생

나이 먹기 24

죽음이 나를 손잡고 가는지
내가 죽음을 손잡고 가는지
죽음 연습

호주머니 안에서, 안경집 속에서
분초마다 죽음이 세포 분열을 한다.

이승에선 죽음이 이별이란다
안녕! 돌아서며 죽음을 연습한다.
이승에선 부활이 만남이란다
안녕! 악수하며 생명에 다가선다.

만남에나 이별에나 마지막인 양
네게 줄 사랑의 유언(遺言)을 궁리하면
가슴속 깊은 곳에선
뼈가 부서지는 소리
살이 삭는 소리 피가 마르는 소리

겨울나무에 매달린 잎새 하나
비장한 용기로 뛰어내리듯

가자 하늘로
두 손 합장하고
눈을 감는다.

안녕! 북한 하늘 향해 고별하고
안녕! 남한 친지들과 악수하며

죽음은 이별을 연습하는 것
죽음은 부활하신 어른들 만나러 가는 것

나이 먹기 25

자손들아
오늘은 너희들과 내가 세상에 함께 있어 기쁜 날
그래도 어느 날 문득 이별이 오면
우리는 그날을 사랑하자

부활이 항상 앞에 보이니
이별은 언제나 아름다운 것

오늘은 너희들도 나처럼
그리운 사람에게 편지를 쓰자

밟히면 피맺히는 진달래 꽃잎이나
튕기면 스르릉 소리 나는
거문고 줄 같은 섬세한 마음으로
오늘은 받은 사람이 기뻐할
곱고 어여쁜 편지를 쓰자

그래도 어느 가까운 날
이 어미에게
생명 주신 하느님과

낳아 주신 부모님께 가게 되면

우리는 또 그날을 사랑하자
이 어미가 너희를 떠나는 것이 아니라
이 어미의 아프디 아픈
아버지 어머니 보고픔이 가엾어
하느님이 나를 부르시는 것이니

나이 먹기 26

겨울나무
마지막 잎새마저 대지를 감싸라 내어 준다.
더없이 외롭고 쓸쓸한 겨울나무

세월이 나이테를 한 줄 보태면
나무는 하늘을 향해 발돋움하고

보이지 않아도 그 뿌리 땅속 깊이 안기며
외로움과 추위를 홀로 품는다.

영혼의 풍요와 온유
하늘만큼 큰 사랑으로 가득하여
초라한 말로 위로할 길 없다.

한 줌 바람도 더 담을 공간 없이
사랑으로 가득 차
태풍이 불어와도 출렁이지 않는다.

6·25 한국 전쟁 후 반세기 세월을
넘치는 사랑으로 나를 위해 사셨다.

참혹했던 병고,
전쟁과 이별의 상실,
이산의 고독과 소외,
어이 어머님께 용납되었나?

비오니 고통만 이어져도 살아 주세요.
가시지 마세요.
아프신 채로라도 살아 주시고,
추워도 더워도 살아 주세요.

일흔두 해 잃고 사는
이산가족 만나기가 이루어질 때까지.

나이 먹기 27

전쟁의 총성(銃聲)은 멎었어도
이산의 총상(銃傷)은 휴전이 없어

시름시름 앓으며 일흔 두 해
허리뼈 마디마디에
땅굴이 생겨 났다
동강난 금수강산

가족사진 안에는 손자 손녀 즐비해도
자손들이 못 고친 고질병 하나
동강난 금수강산
모세혈관 땅굴들로 동맥경화에 걸린 산하(山河)

반 평 땅에 누울 구멍 난 몸뚱이
그때의 열 몇 살 가시나들 머스마들
허리 병 앓으며 구순을 맞는다.

나이 먹기 28

아버님 무덤

일흔두 해 전에 실종되신 아버지
아버님 연세 이제 백스물여섯
내 가슴에는 불치의 종양 하나 더 늘었네

일흔두 해 동안 가슴에 박힌 숯덩이 멍울

일흔두 해 하루같이
쌓아 올린 기도의 탑

가슴에 피 흐르는 생채기 하나
깊은 동굴 가슴 속에 석순이 자라듯

내 심혼 속엔
아버님 무덤이 자라네.

나이 먹기 29

하느님 아버지 우리의 길
그리스도를 메시아로 보내 주신 거룩한 날에
부끄러운 딸 주님께 바칠 예물이 없어
아버지가 주셨으나 정결하게 못 지킨
때 묻은 오관을 바치나이다.

좋은 것보다는 어두운 것이 더 많은
저의 생각과 말과 행실을 받으소서.
죄인의 몸과 혼을 받으소서.
유혹과 욕망과 죄악으로 얼룩진
저의 생애를 바치나이다.
허물과 부끄러움과 상처뿐인 오늘의 봉헌
하느님 성삼의 새 생명을 청원하는
염치없는 탄원을 받으소서.

순명하기보다 거절하고
감사하기보다 요구하고
찬미하기보다는 불평하고
사랑하기보다는 원망하고
용서하기보다는 질투하고

주님의 뜻대로가 아니라
죄인의 뜻대로만 행동한
이 딸의 몸과 혼을 받으소서.

분단된 우리 조국 이산의 백성을
오염으로 썩어 가는 세상과 인류를
기도해야 할 사람들과 그 가족을
태어난 자녀들과 태어날 후손들을
바치나이다. 축성해 주소서.

양팔 벌리고
십자 나무로 홀로 서 계신
길이요 진리요 생명이신
 우리 주님 그리스도처럼

이 몸도
살과 피, 낙엽이 되어 대지를 덮고
주님과 함께 비바람 견디는
십자 나무이게 하소서.

성부 성자 성령의 은총
용서와 화해와 사랑과 일치가
남은 세월의 정결한 예물
주님 즐겨 받으실
마지막 봉헌이 되게 하소서.

나이 먹기 30

빈손밖에 가진 것이 없나이다.
밤새껏 드릴 것이 무얼지 생각했으나
새벽이 되어도 빈손이나이다.

나의 풍요는 단지 하나 사랑함에 있으나
보름달 같은 큰 사랑 받으며
나는 무얼 드리나요.

단숨에 사라지는 구름송이처럼
사랑을 앓다 가는 세월
시리고 야윈 빈손이나이다.

나이 먹기 31

깊은 밤
바람도 풍경소리도 잠든 밤
촛불 한 자루 켜 놓고 다 녹아 흐르도록
백지 위에 가득 쓰인 이름 한 자.
예수님!
아프지 마세요. 아프지 마세요.
제가 대신 아플게요.

은하수 물을 떠서
상처를 씻을까요?
이른 아침 이슬 받아
상처를 닦을까요?
깊은 밤에 돋아나는
꽃 순으로 약을 할까요?
내 눈물 내 피로
예수님 상처를 고칠까요?

주님은 나를 위해
내 평화 그 하나만을 위해
상처도 감추고
말없이 돌아서셨지.

깊은 밤
밖에는 가을비 내리는데
주님 미소 따뜻한 눈매가
별무리 달무리마냥
위로의 홍수 되어
이 가슴을 적시네.

나이 먹기 32

발이 시려 낙엽을 이불로 덮고
빈손으로 하늘 향해 성호를 긋는
나무이게 하소서.

바람을 수의(壽衣)로 입고
빈곤한 시신 하늘 향해 기도하는
나무이게 하소서.

인고의 열매들 별나라 은하가 되고
빈 가슴마다 순종의 해와 달이 되는
나무이게 하소서.

목숨의 시간과 공간
추수 끝내고
편안히 안식하는 나무이게 하소서.

하오나 오늘은
가을 햇빛을 한 뼘만 더 주소서.
늦철 든 못난 자식
추수 마칠 촌분의 시각 청하오니

가을 햇빛 잠시만 허락하소서.

겨울이 오기 전에
꺼져가는 불씨에 기름 주어
목숨의 불꽃
조금만 더 태우소서.

드디어 그날이 올 때
세포마다 사랑의 열매 맺고
부르심 감사하며 맞이하는
가을 나무이게 하소서.

나이 먹기 33

가슴에 박힌 깊은 멍.
1·4 후퇴 피난 길 눈벌판 길에서
눈을 온몸에 덮고 등에 업혀 눈감은
아기 여동생 무덤

차가운 땅에 엎드려
네 무덤에 입을 맞춘다.

가슴에 피 흐르는 생채기 하나.
외로운 동굴 속에 석순(石筍)이 자라듯
내 가슴 속엔 네 차디찬 무덤이 자란다.
아기 여동생 진숙아.

인민군 오빠가 언 땅을 파서
네 이마에 물을 부으며 기도하더니
이불에 너를 싸서 땅에 눕히고
흙을 덮은 후 말했지.
엄마가 함흥에서 기다리셔. 그래서 간다.
기도할게, 동생아, 글라라야!

1951년 1월 4일.
동생 진숙이가 세례 받은 날

나이 먹기 34

우리에게 민족과 국토를 허락하신 하느님!
비오니 남북한 팔천만 명의 하나 됨을 허락하소서.

반만년 역사를 섭리하신 배달의 아버지!
왕좌에 앉으시어 그만 내려다보시고
이 땅 이 백성을 다스리소서.

아버지는 분열을 원하지 않으시고
형제간 우애를 기뻐하시니
아버지 권위로 이제 통일을 허락하소서.
성령을 보내시어 북한 동포들을 먹이고 입히소서.

저희는 음식과 의복이 넉넉하여 잘사는 나라라 착각해 왔사오니
저희 이기심과 무관심을 용서하시고 관혼상제와 가정의 대소사에서
함께 참석 못하는 북한 동포들을 기억하게 하소서.
이념의 굴레로 쌓아 올린 분단의 벽을
동족애의 눈물로 녹여 허물게 하시고
저희 가슴에 통일 염원의 제단을 쌓아 주소서.

하느님! 하느님이 생명 주신 팔천만 배달겨레가

세상에서 가장 의롭게 사는 백성이 되게 하시고
그리운 땅 북한에도 보신각 종소리가 울려 퍼지며
남북한 가족들이 마음 놓고 한 밥상에 둘러앉게 하소서.
세세 영원토록 우리 민족과 함께하시며
온 누리를 다스려 주실 하느님 앞에 엎드려 기도하나이다.

팔천만 배달의 아버지!
이 땅 이 겨레의 주권자이시여!

나이 먹기 35

하느님이
생명의 존재로 우리를 보내신 날

우리가 처음 만나던 날
우리는 우주의 품에 잉태되었다.

낮의 태양으로
밤의 별빛으로 달빛으로

땅의 시냇물로 하늘 무지개로
너의 산자락 기슭에서
네가 우주의 자식으로 나를 키웠구나.

의식주에 매달리는 내가 아니라
초월의 영역에서
사랑의 이슬 먹고 자란 나무들

네가 아프면
내 생명의 뿌리가 아픔이지
네가 아프면

나는 우주를 잃지.

너 있음에 내가 있고
너 없음에 나 없음이니
너로 해 나 살고
너로 해 나 죽음이니

이산 일흔두 해
해와 달과 별로 태어나서
멀리멀리 멀리만 사는구나.

해와 달과 별이 오빠와 나,
그리고 효신이었구나, 동생아!

나이 먹기 36

세검정 북한산과
자하문 밖 홍지문 저 너머
바람 잔 하늘가에
태초의 얼굴로
침묵하는 어진 산

북한산 보현봉

은하수로 머리 감고 시냇물로 발 닦으며
성화되자고 다짐하는 마음이
잿빛 바위로 수단을 입힌다.

육백 년 도성 한양 땅
천만 목숨들
앓는 소리 신음 소리
가슴에 품어 안고
말을 잃었으니 바보이어라.

바람으로 설교하는
바위 속 가슴

온 누리 온 사람의
생명 되라고 생명 되라고
오관의 마디마디 구원의 탑을 세운다.

나이 먹기 37

간음한 남자가
어느 날 밤 자정에 전화를 했습니다.
"간음했습니다. 그렇지만 나만 간음했습니까?"
벼슬자리 얻으려 민씨니 신씨니 가랑잎 밟는 소리였는데
대못으로 내 살에 박혔습니다.

어느 날 밤 두어 시에
받은 전화는
"또 간음했어요. 나는 도망쳐 이민을 왔습니다."
가랑잎 부서지는 소리였는데
칼이 되어 내 가슴에 박혔습니다.

이 아침 이른 새벽에
받은 전화는
"또 간음을…또요…저는 베드로인데…
마리아의 용서를 받고 싶어서…
조국의 하늘 아래 자유인으로 서고 싶어서…"

산속의 산수유 새순이 터지는 소리
하혈하는 한국을 치유합니다.

베드로의 부활이
마리아의 부활이
우주와 지구와 한국이
하혈을 멈추는
부활이
보입니다.

부활이 들립니다.

산수유 향기로 다가옵니다.

나이 먹기 38

주님,
이 거룩한 주님의 날에
주님께 바칠 제물 없어
제 오관을 바치나이다
생각과 말과 행실도 받으소서

제가 드릴 제물은 오직
허물과 과오와 수치이오니
양팔 벌리고
십자가로 홀로 선
주님처럼
주님 곁에서
저도
낙엽으로 대지를 덮고
홀로 바람 속에 견디는
십자가 나무이게 하소서

주님과의 화해와
주님을 흠숭함만이
남은 세월의

제물이게 하소서

나이 먹기 39

눈시울도 무거워
아래로만 숙어 있던
무위와 무력과
무더위의 계절
무력하게 흘려보내니
삽상한 생명의
선들바람 불어
문득 눈시울
하늘 위로 향한 시야에
하늘 가득히
눈앞으로 다가서는
당당한 생명들
대추 밤 사과 배
숨 쉬는 생명들
정념으로 활활 타네
의욕으로 붉게 타네
사랑으로 산화하네
온 천지 가득히
생명과 환희가
춤추며 약동하네

생명이 숨 쉬는 이 가을 하늘에

나이 먹기 40

아아아
다시 한 번 태어나
다시 한 번 더 세상을
살 수 있다면

"스승님"이라는 소리에
뒤를 돌아다 볼 수 있게 살련만

"스승님"이라는 소리에
뒤를 돌아볼 염치가 없는 지금

나는 부끄러워 하늘을 본다.
나는 부끄러워 땅을 내려다본다.

다시 한 번 더 세상을 살 수 있다면
"스승님"이라는 소리에
뒤를 돌아보며 뺨을 비비는
스승이 되리라.

어이구 이를 어쩌나?

"스승님"이라는 소리에
오늘은 뒤를 돌아보며 가슴으로 끌어안고
뺨을 비빌 염치가 없네.

수업 준비에 꾀를 부린 날이 없이 살면
스승의 날 스승님 소리에 뒤를 돌아보며
가슴으로 끌어안고
뺨을 비빌 거야.

나이 먹기 41

제자들아

언젠가 나 먼저 눈 감을 날
한 평 먼 산 등에 나 먼저 누울 그 날
선배고 제자고 후배고 생각날 사람들

지금은 각자 달리 살아도 먼 먼 훗날
청파(靑坡) 교정에서 나란히 만나리

제자가 스승 되고 후배가 선배 되리라
어둠이 빛 되고 빛이 어둠 되리라
어둠과 빛이 하나임을 배운 마당

비엔나로 파리로 파키스탄 사원으로
한라에서 백두까지
금강산 산자락 어디에 살아도

지옥이 천당으로 바뀌던 믿음
갈증이 이념으로 타오르던 소망
분노가 자비로 변하던 사랑

그 유별난 진리를 공부한 글방

슬픔이 끝나면 기쁨이 오리
슬픔까지만 슬퍼하리라
그 유별난 슬기를 배운 모성의 품

클로버 잎들처럼 엉겨 이마 맞대고 비비며
선배고 제자고 후배고 모두 나란히
슬픔이 끝난 혼령으로 22세기에
지금은 각자의 자리 달라도 먼 먼 훗날
청파 교정에서 나란히 만나리.

나이 먹기 42

여기는 동작동 국군 묘지
구름이 떠돌다가
눈물이 되어 내리는 곳

눈발처럼 흩날리는 낙화로 기둥을 세우며
바람이 무덤가에 궁성을 쌓는다

여기는
다하지 못한 말
못 다 부른 노래의
마지막 소절

벽에 붙은 미완성 계획표

수줍어 숨겼던 사랑의 고백들이

설날 연줄처럼 풀려나가는 곳

천길 바다 밑
만길 땅속

거기에나 있을 법한 연인의 궁전

만 길 바다 위
만 길 하늘 위
거기에나 있을 법한 연인의 궁전

바람도 구름도 별도 낙엽도
모두 발길을 멈추고

너를 위해 성을 쌓고
궁성을 짓는다.

나이 먹기 43

채색 그림이 고양이면
흑백 그림은 호랑이지.
천연색 사진이 팝송이면
흑백 사진은 브람스

소설은 사랑을 묘사에 담고
시는 사랑을 침묵에 담는데
사랑이 예술이면
침묵으로 다시 재운 침묵

깊은 우물에서 공들여 정성껏
물을 길어 올리듯
사랑은
하느님이 지으신
알파요 오메가
고달픈 예술

나이 먹기 44

시보다 더 아름다운 신비, 그 기적적인 은총의 사연

재속프란치스코회 모임에서는 "우리 모두는 또 다른 하느님입니다."라는 말을 듣습니다. 저는 듣기도 말하기도 송구합니다. 주님의 성령을 모시고 살면 성령의 궁전이라는 말씀은 늘 가슴에 품고 살지만, "우리 모두는 또 다른 하느님입니다." 라고는 입에 담기도 듣기도 송구합니다. 우리는 누구나 하느님 현존을 체험하고 싶고 신앙의 확신을 갖고 싶습니다. 미미한 신비체험을 해도, 그 신비체험으로 인해, 많은 분이 수도자가 되는데, 저는 교리 지식 정도의 믿음만 갖고 살아왔다 해도 과언이 아니어서, 때로는 열등감에 시달리기도 합니다.

그러나 엄격히 말해서 신비 기적을 체험하지 못한 사람은 없습니다. "절망적 상황에서 희망을 지니거나 변녕하시 잃는 침묵 같은, 일상저 체험들 속에 하느님 현존을 체험하는 보편적 신비체험이 숨겨있다."고, 고계영 파울로 신부님은 말씀하십니다.
나는 하느님의 성령이 분명히 섭리하셨다고 생각되는 신비를 체험하였습니다. 혼인 13년만에 막내딸이 하느님의 은총으로 수태한, 신비와 기적의 일입니다.

2009년 10월 셋째 토요일 오후, 재속 프란치스코회 루케치오 형제회 세 검정 구역 모임이 평창동 수도원에서 있었습니다. 40세가 다음날인 막내딸이 결혼한 지 11년이 되는데도 아기가 없어서 온가족이 애처로워하던 때였습니다. 자궁에 근종이 생겨 근종 제거 수술을 두 번 했기 때문에 불임이 되었나 짐작하였고, 딸은 비싼 값을 치르며 병원에서 시험관 아기를 가져 보려 여러 차례 시술을 받던 때였습니다. 그날 개최된 모임에서 읽고 묵상한 독서는 이탈리아 프란치스카 성녀에 관한 내용이었습니다. 성녀는 아기가 없는 여성들을 위하여 중개기도 하는 소명을 받은 '불임 여성들의 수호성녀'란 글이 『평화의 사도 2009년 10월호』에 소개되었기에, 용기를 내어, 형제자매들에게 말했습니다. "시험관 아기 갖는 시술을 포기하고, 하느님께 기도하며, 프란치스카 성녀의 중개기도에도 희망을 두고 청하자고 딸에게 말하고 순종하라 명하겠습니다. 만약 딸이 금년 안에 수태하면 그것은 분명 성녀의 중개기도에 대한 하느님의 응답이며, 그것은 분명 신비체험이요 기적이라고 우리 인정하십시다."라고 말했습니다.

또 있습니다.

전세계 성령쇄신봉사회 시릴 존 회장의 저서 『성령으로 힘을 얻어』를 빨리 번역하라는 명을 봉사회로부터 받고 셋째 딸 심 글라라와 번역을 시작했습니다. 그 책을 번역하다가 읽은 내용으로, 시릴 존 회장 본인이, 불임 여성의 수태를 위하여 기도하는 은사를 받아, 전세계에서 기도 받으러 오는 여성이 많다는 내용을 읽었습니다.

장녀 심 로사, 둘째 심 데레사, 셋째 심 글라라에게 번역을 부탁하고 나는 심 바오로와 함께 미국행 비행기를 타고 또 미국에서 국내선을 갈아타고 30시간이 걸려 캔자스 대학교 교수인 막내딸 스콜라스티카를 찾아갔습니다. 수업을 마칠 때까지 여러 시간을 기다려, 스콜라스티카에게 당장 떠나자고 매달렸습니다. 이웃 도시 위치타로 가서 사위인 황명진 교수의 수업이 끝나기를 또 기다려 차에 태우고, 시릴 존 신부님이 계신 성당으로 찾아갔습니다. 물어 물어서 겨우 도착했더니, 열흘 전에 다른 성당으로 가셨다고 사무장이 말하여 그제야 신부님 전화번호를 받고, 신부님께 직접 전화하면서 다시 물어물어 찾아갔습니다. 4시간 소요된다는 성당에 7시간 걸려 겨우 도착하니 자정이 넘은 새벽 한 시. 신부님이 불을 켜 놓고 기다리고 계셨습니다.

제대 앞에 딸을 무릎 꿇리고 안수기도 하시고 사제관으로 데리고 들어가 벽에 걸린 필로메나 성녀의 액자를 떼어 막내딸에게 안겨 주며, 집에 가서도 벽에 걸어 놓고 기도하라 하셨습니다.

세상에서 제일 큰 신비는 생명 출산입니다.

혼인 후 12년을 기다려도 아기가 없는 절망적 상황에서 희망을 지니고 기도하였고, 하느님 뜻에 순종하였습니다. 이 일이 딸에게는 파울로 신부님의 말씀처럼, "일상적 삶의 신비체험, 즉 만물 안에 현존하시는 하느님 뜻에 순종하겠다는, 일상 속의 신비체험"이 되었습니다.

그 딸이 출산에 임박하여, 내가 그 막내딸을 낳던, 노산의 36세 때보다 훨씬 더 노산인 나이 40에 어미를 생각하며, 글을 써 보냈습니다.

"엄마, 감사, 감사! 지금 아기 심장 소리 아주 좋고, 잘 움직이고 있습니다. 이제 알겠습니다. 엄마 머리숱이 왜 그렇게 적으신지. 엄마 관절 마디마디가 왜 그리 아프신지……36세에 엄마가 막내인 저를 낳으시면서 머리카락을 만들어야 할 단백질을, 온몸의 관절 물렁뼈를, 그리고 뼛속 칼슘을 아낌없이 저한테 다 주셨음을 이제야 압니다. 그때 엄마한테 받은 걸 이제 제가 모두

다 아가에게 주고 있나 봅니다. 엄마 딸이니까, 저도 엄마처럼 무통 주사 안 맞고, 주님 수난 묵상하며, 자연 분만하겠습니다. 걱정 마셔요.
2011년 1월 25일 오후 2시 막내 스콜라스티카 올림."

다음날 1월 26일에 태어난 황하윤은 토마스 아퀴나스라는 본명으로 세례 받았습니다. 토마스 아퀴나스의 태어남은, 루케치오 형제회에서 말했던 일, "하느님 응답이며, 분명한 신비체험이요 기적이라 인정합시다."라 말한 일이 이루어진 것입니다.

하느님. 우리 주님. 감사합니다. 이제와 항상 영원히. 아멘.

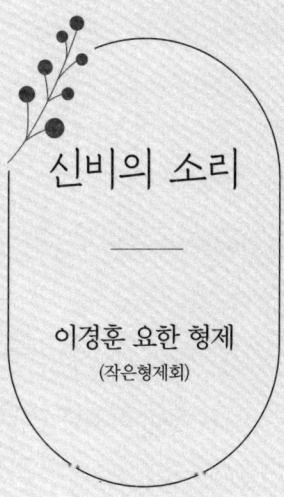

신비의 소리

이경훈 요한 형제
(작은형제회)

측량할 수 없이

측량할 수 없이 드넓은
바다의 맛은
손가락으로 살짝 찍어
맛보면 충분하다.

여기 작은 세계는
저기 큰 세계와 하나이다.

기도

아무리 두꺼운
콘크리트 바닥이라도
실틈만 있으면
뚫고 올라오는 들꽃들

길 가다가
잠시 멈추면
기도가 된다.

읍내로

읍내로 가는 버스 안

옆자리 어린 여학생이
부끄러이 통화를 한다.

손에 든 낡은 폴더 폰
때문일까?

탁발로 사는 내 손엔
갓 구입한 최신 폰.

밤길

산속
어두운 밤에
홀로 길을 나서기가
너무 싫다.

그러나
어느덧
시간이 흐르면
나는 어둠 속에
온전히 안겨 있다.
참 편하다.

"땅은 아직 꼴을 갖추지 못하고 있었는데 어둠이 심연을 덮고 하느님의 영이 그 물 위를 감돌고 있었다"(창세기 1,1—2).

순종 1

길가엔
손님을 기다리는 택시
짐 싣고 달리는 오토바이
사람들의 분주한 오고 감

저마다 가족을 위한 움직임이
쉼 없다.

사람은 누구나
자신만을 위해 사는 이는 없다.

모두 타자에게
순종하며 산다.

순종 2

본당에서 사니
육신의 노고 없이
차려준 점심을
매일 맛있게 먹는다.

이렇게
매일 무상으로
받기만 하니
어찌
순종하지 않겠는가!

순종 3

기도를 하든
일을 하든
자신의 일상 움직임이
하느님 靈(영)의 활동임을 인식하면
일상이 참 편하다.

이럴 때
순종은 저절로 된다.

"아들이 스스로 할 수 있는 것은 하나도 없다"(요한 5,19).

가난 1

공항에 도착한 교황님이
작은 차를 타는 모습에
사람들은 감동했다.

작음 혹은 가난

사람들은
왜 가난에 감동 받을까
아니, 왜 가난을 그리워할까?

"가난한 사람은 행복하다.
하늘나라가 그들의 것이다"(마태 5,3).

가난 2

[기쁘게 여행하는 방법]

오래 전에
동기들과 여행을 갔다.
먹자는 대로 먹었다.
가자는 대로 갔다.
하자는 대로 했다.
평안하기 그지없다.

나의 뜻이 사라진 자리에
가난의 꽃이 핀다.

가난 3

맛있는 것을
앞에 두고
그 누가 생각나서
냉큼
먹지 못할 때가 있다.

그 순간
나는 없고
그만 있는 것이니
가난한 내가 된다.

우리는 가난을 품고 있다.

정결

나를 위한 어머니의 가난
나를 향한 어머니의 순종

그 사랑이
떠오를 때마다
나는 씻김을 받는다.

정결해진다.

예수 그리스도의 십자가가
나를 씻기듯이…

청년 예수

목숨을 잃을지도
모를 상황으로 뚜벅뚜벅

한낱 몸 파는 여인의
처지가 그리 중했던가

그로 인해
여인은 정결해졌고
청년 예수는 온전히
하느님의 아들이 되는 순간

벅차다.

장날

양덕원 장날
이글거리는 더위에
손님 기다리는 상인들

가족을 위한 몸부림에
더위는 없다.

저 고귀한 품격의 근원은
어디인가

무기력 속에

기도를 하려고 앉아 있자니
피로가 몰려와
무기력하다.

그런데
무기력에서 오는 안온함이
참 좋다.

몸 속 저 깊은 심연에
신비이신 주님 계심이
분명해졌다.

등나무 아래

길가 등나무 아래
심심히 앉아 있는데

톡~
꽃봉오리가 떨어졌다.

밟힐까 마음 쓰이니
떠날 수 없고…

자비로 가득해진 나는
오신 님을 품고 있다.

더위에 지친

더위에 지친 오후
방에 들어 온 쇠파리가
지침 없이 휘젓는다.

텅 빈 절간에
풍경소리처럼
잠자는 인식을 깨운다.

벽에

벽에 걸린
낡은 난방

일 년에 몇 번 걸치지 않지만
늘 내 몸을
감쌀 준비를 하고 있다.

눈길 없는

눈길 없는 옥상 구석
검은 화분에
홀로 핀 도라지꽃

이 순간
그대가 나의 전부다.

자비

하찮아 보이는 것에
애정을 가지면
성 프란치스코처럼
늘 자비를 품는다.

옛 친구들

옛 친구들과
밥 먹고
뱃놀이하고
좁은 방에 끼어 자고

이 모든 행위가
영원의 움직임이니
우린 떨어져 본 적이 없다.

그런데 그립다

요양원에서 1

겨울
햇살 좋은 날

할머니가 담벼락에 기대어
볕을 쬐고 계신다.
나도 따라 옆에 섰다.

가만있어도
몸으로 들어오는 善(선)

자비가 오시니
저절로 관상에 잠긴다.

요양원에서 2

새벽밥을 짓는 손길
욕창을 돌보는 손길

대소변을 거두는 손길
도움을 주기 위한 발길

착함으로 가득한
여기 머무니

벚꽃 핀 들판,
관심이 사라진다.

애지람*에서 1

밤사이 쌓인 눈
순결하다
순수하다

사진기로 담으려다 포기했고
마음으로 담으려다 포기했다.

담을 수 없는 것을
담으려고 할 때 어둡다.

이곳에 있는 이들은
도무지 담을 줄 모른다.

그래서 순수하다.
그래서 가난하다.

죄라곤 없다.
태초의 모습이다.

---
* 강릉에 있는 지적 장애인 시설

가난한 이들은 행복하다
하늘나라가 그들의 것이다.

애지람에서 2

누군가가
미켈란젤로에게 물었다.

"당신은 어떻게 이처럼
위대한 작품을 만들 수 있습니까?"

"난 돌 속에 갇힌 영혼을 뜯어 낼 뿐이오".

누군가가
말 못하는 이에게
긴 세월에 걸쳐
"사랑해"라는 말을 하도록 했다.

돌 속에 갇힌 영혼을 뜯어 낸 것이다
미켈란젤로처럼.

그가
부럽다.

애자람에서 3

그대의 맑음이
나의 시름과 어두움을
씻어 내렸습니다.

그리스도의 자비가
나의 시름과 죄를
씻어 내렸습니다.

나의 어두움을 없애는 그대
세상의 죄를 없애시는 주님

땅에서
하늘에서 나를 씻깁니다.

산골 밭에

산골 밭에
고라니 똥이 널려 있다.

이 추운 계절에
뭘 먹고 살까

먹던 귤을
내려놓고 올 수밖에 없었다.

회개 1

철이 들어
어머니가 나를 위해
얼마나 고된 삶을
사셨는지 깨달았을 때
그제야 悔改했다.

회개 2

길가에서
쫀드기를 맛있게 먹는 아이

"맛있니?"
물었다.

"무지 맛있어요!"
내게 쫀드기를 건넸다.

아이의 순수
부끄럽다.
길에서도 회개가 이루어진다.

분주한 주방

실내 온도 36 도
분주한 주방

더위 가득한 공간에
가난한 이들을 위한
착한 움직임이 쉼 없다.

보이는 세계는
보이지 않는 세계를 비춘다.

기도 방으로 들어온 善(선)의 신비

기도 시간에
공사장에서 들려오는
망치 소리가 경당에 가득하다.

처자식을 위한 어느 아비의
성실함이 기도가 되는
순간이다.

타인의 성실함이 나를
회개로 이끈다.

누군가

누군가
어린 손주의
연주 영상을 보내 와
잠시 맑은 소리를 즐겼다.

타인의 재능이
하느님의 善(선)임을 알면
시기하는 마음이
생기지 않는다.

그동안

그동안
'신앙심 깊은 신자이기에
매일 성체를 모신다' 생각했다.

헌데, 프란치스코는
내 안에 계신 주님의 영이
주님의 거룩한 몸을 받아 모시는
것이라 한다.

오늘도
내 안에 계신 주님의 영이
나를 성체로 인도하신다.

어느 노인이 내게 들려 준 이야기

농사꾼 노인의 집에
김수환 추기경께서 방문했다.

노인이
"추기경님, 제게 좋은 말씀 주십시오".

대답은 짧았다.
"그 손등 앞에서 무슨 말을 할 수 있겠습니까?"

원수를

'원수를 사랑하라'
이보다 무거운 가르침이
또 있을까.

원수가 저지른 죄나
내가 저지른 죄는
어디서 왔을까

프란치스코는 자신의 나약함에
한없이 우실 뿐이다.

시장 한가운데서

우리는
가족을 위해
타인과 공동체를 위해

모욕과 굴욕을
참고 견디며 살고 있으니

이미
주님을 따르고 있다.

밤거리

밤거리
술에 취해
비틀거리는 이들,
가련하다.

이 가련한 마음이
내 안에 계시니
나는 참 복되다.

"주님께서 함께 계시니 여인 중에 복되시나이다".

화분에

화분에 심은
배추가 잘도 자란다.

대견하기 그지없다.

이 작은
생명체가 주는 기쁨

온몸을 깨운다.

프란치스코가 되는
순간이다.

성목요일에

명절을 앞두고
어머니는
대야에 물을 담아
내 몸을 씻기셨다.

어머니는 나를 씻기며
연신
'시원하다' 하셨다.

내 몸인데
당신이 시원하신 까닭을 몰랐다.

성금요일에

인간 욕망으로 죽어가는 생명들
가난과 전쟁으로 죽어가는 사람들

이웃이 겪는 고통이
언제쯤
나의 고통으로 스며올까

종일
예수님의 가쁜 숨소리가
귓가에 울린다.

부활절 아침에

주눅 들어 살던 친구가
어느 날 갑자기
놀랍도록 기쁨에 차 있다.

분명 무슨 일이 있었다.

세상 못난 제자들이
어느 날부턴가
사지가 찢기는 죽음에도
두려움 없이
스승의 말씀을 전한다.

분명 무슨 일이 있었다.

믿을 수 없는 일이
밤사이 지나갔다.

어느 착한 가족 이야기

장애 동생은 가끔
"언니 다리 하루만 빌려 줘라"

그러던 동생은
20대 초반 영원의 품으로 떠났다.

언니는
자신의 발목에 문신을 새겼다.

'내 동생 ○○'

영정 사진을 가슴에 품고
바다로 산으로 인파 속을 걸었다.

동생 침대 속에서
열흘 간 꿈을 꿨다.

동생은 언니 품에서 영원히 살고 있다.

성당 하수구

도심 한가운데
성당 하수구에서
도롱뇽이 나타났다.

손가락 네 개
발가락 다섯 개

앞으로
더러운 물을 어찌 버릴까
걱정이다.

빨래하고

빨래하고 남은 물
하수구에 부으려다

멈칫

영도 앞바다
벌거벗은 생명들

때문에

소심한 내가
괴롭다.

2020년 성탄에

당신께서
이 땅에 오셨기에
비천한 이 몸이
드높여졌습니다.

당신의 오심이
더 없는 선물인데
무엇을 더 바라며
살겠습니까.

2021년 성탄에

누더기 된 나를
찾는 이 없었으나
오늘 당신께서 오셨으니
세상 부러움이 없습니다.

공현 대축일에

메시아가 태어난 곳은
가장 작은 마을

메시아를 품은 여인은
가장 겸손한 여인

메시아를 알아본 이들은
가장 가난한 이들

하느님은 굳이 왜
비천한 곳을 비집고 오실까?

새해 계획

밥을 먹고
일을 하고
누군가의 요청에
몸을 움직인다.

이 모든 움직임의 주체는
하느님의 영

이 움직임에 충실하는 것이
올해의 소망

찌는 더위

찌는 더위에
정원에서 일을 했다.

땀이 비 오듯 했다.
목이 말랐다.

점점 더 목이 말랐다.
참았다.

일을 마치고 물을 마셨다
바로.

물은
몸이 되었다.

물이 몸인지
몸이 물인지

몸과 물이
하나 된다.

거룩한 몸짓

열 평 남짓한
텃밭에서

나는
괭이질을 하고

옆의 참새는
쉼 없이 먹이를 찾고

거룩한 두 몸짓
작은 공간에 꽉 차 있다.

감실 앞에

먼 길 떠날 때
어머니는
개떡 여섯 개를 싸 주셨다.

차 안에서
하나씩 꺼내 먹을 때마다
어머니는 내 안에 오셨다.

여섯 살 기억

라디오를 켰다.
신나는 음악이 흘러나왔다.
나는 순간 라디오를 껐다.

이유는?
어머니 오시면 함께 들으려고…

한참 후
어머니가 들어오셨다.
급히 라디오를 켰다.

"엄마 이거 들어봐"
…………?

아무리 돌려도
신나는 음악은
다시 돌아오지 않았다.

하느님은
어릴 적부터

내 안에 그렇게 숨어 계셨다.

어둠 속에

어둠 속에 앉아 있다.
빛을 기다리지 않는다.

내 몸의 숨결만이 전부다.
고요가 전부다.

길가에 놓인 화분을 보며

흙이 없는
회색 도시에 살수록
꽃을 보기 위한 바람이
큰 모양입니다.

이는 美(미)에 대한 추구
즉, 미에 대한 그리움이 아닐까

미에 대한 그리움이란
미의 근원이신 하느님을
그리워하는 것이고…

반찬이 없어

반찬이 없어
취나물 장아찌만 놓고
밥을 먹었다.

짠맛이 전부!
맛있게 먹었다.

짠맛의 깊이를 알면
맛 따라 이리저리 헤매지 않아도 되니
삶이 넉넉하다.

포도

쟁반에 놓인
포도송이

천천히 먹기가
참 어렵다.

못난 글들이 애정으로

이경훈 요한, 작은형제회

저의 보잘것없는 글이 이 시집에 실리게 된 계기는 이인복 마리아 자매님으로부터 권유가 있었기 때문입니다. 막상 권유를 받아들인 후 지난 글들을 정리하다 보니 자신이 없어졌습니다. '아니 이걸 누가 글이라고 읽겠는가. 참여하신 분들께 누 끼치지 말고 취소한다고 해야겠다' 생각하곤 잠을 잤습니다. 그리고 다음 날 아침 오래 전에 쓴 童詩(동시) 같은 글이 눈에 들어왔습니다. 갑자기 못난 글들에 애정이 생기며 다시 용기가 났고 저의 글들이 이렇게 염치없게 드러나게 되었습니다.

제가 사는 부산 영도 수도원은 50여 년 전 건축된 건물로, 내외부가 당시의 모습을 거의 그대로 유지하고 있습니다. 기도방이며 개인방의 창문들도 건축 당시 설치한 얇은 홑유리창이어서, 밖의 기온은 물론이고 도심 속 세상의 소리가 또렷하게 귓가에 전달됩니다.

기도 시간에
공사장에서 들려오는
망치 소리가 경당에 가득하다.

처자식을 위한 어느 아비의
성실함이 기도가 되는
순간이다.

타인의 성실함이 나를
회개로 이끈다.

(졸시, 「기도 방으로 들어 온 善(선)의 신비」)

저는 매일 우리 곁에서 일어나는 작은 사건들을 통해
그리고 함께 사는 이웃들의 善(선)을 바라보며.
제가 하늘을 누리고 있음을 고백하고 싶었습니다.

이웃의 성실함으로 제가 회개하고
이웃의 너그러움으로 제가 순종하고
이웃의 희생으로 제가 가난을 누리고
이웃의 순수로 제가 정결해짐을 털어놓아야 할 것 같았습니다.

이른 아침 오늘도 이웃들의 善(선)이 창을 통해
어두운 제 마음속을 비집고 들어오십니다.

가난한 순례자의 노래

오수록 프란치스코 형제
(작은형제회)

관계

아쟁 연주를 가만히 듣고 있으면
참으로 신묘한 소리가 난다

그 소리는
손끝에서 나는 소리인가?
현에서 나는 소리인가?
활에서 나는 소리인가?
내 귓속에서 나는 소리인가?

참으로 현묘한
관계 속의 조화로다.

가을의 길목에서

노란 은행잎 가을이
뚝뚝 질 때면
우린 떠나는 연습을 해야 하리

한 가닥
미련이나 집착도 없이
훌훌 털고 일어서야 하리

빈손으로 왔다가
빈손으로 되돌아가는 인생길은
나그네의 길
순례의 길

아낌없이
주어야 하리
나누어야 하리

눈물 나도록
아름다운 세상

가난한 마음으로
자연과 하나 되어야 하리.

구름과 함께 춤을

밤비 그치고
아침에 눈을 뜨면
청산은 저절로 푸르고
강물은 물안개를 피워 올린다

강을 따라 걸으며
푸른 산을 바라보면
산은 잠자리 속 날개 같은 엷은 구름으로
부끄러운 듯 몸을 가리고 신비감에 젖어 든다

저것 봐 저것 봐, 저것을 좀 봐!
아름다움에 취한 사람들이
구름과 함께 춤을 추는 고요한 아침

청산은 목욕을 한 듯
정갈한 모습으로 다가왔다가
다시 구름 속으로 몸을 숨긴다.

귀로歸路

늦가을 해질녘
산골 비탈길
가파른 언덕을 넘다가
마주친 작은 들꽃 한 송이
애처로워라

아직 여린 몸에
먼 길 떠날 채비 차리고
저리도 온몸을 붉게 태워
마지막 가는 길
불을 밝히고 있구나.

그건 네 말이다

사람들아
'하루의 시작은 아침이다'고
말하지 마라
언제 한 번이라도
올빼미나 박쥐에게
물어 보았느냐?

사람들아
'사람은 만물의 영장이다'고도
말하지 마라
그렇게 잘 배우고
똑똑하다는 사람들이
왜 그렇게
길은 물어서 가느냐.

맑은 가난

옛 성현의 말씀에
'항산恒産이 없으면 항심恒心도 없다'고 했는데

재산이라고는
땅 한평 가진 것 없는
가난뱅이 수행자로 살아도
주눅들지 않고 행복하게 살 수 있다니
참으로 신비스러운 일이다

서가에는 읽어야할 책이 적지 않고
차통에는 마실 차가 아직 남아 있으니
가난한 선비네 쌀독을 바라보는 것처럼
차통만 바라보아도 마음이 넉넉해진 나는
맑은 가난이 좋다
그냥 그렇게 좋다.

때로는

때로는
따뜻한 아랫목에 배를 깔고 누워서
눈이 아프도록 소설을 읽고 싶을 때가 있다

때로는
깊은 밤 창가에 촛불을 밝히고 앉아서
두런두런 소리 내어 시를 읽으며
뜬 눈으로 새벽을 맞이하고 싶을 때가 있다

때로는
깊은 산 속 옹달샘을 찾아가서
맑은 물 한 동이 길러다가
차를 다리고 싶을 때가 있다

때로는
시원한 평상위에 곱게 누워서
눈이 시리도록 별을 세다가
그만 잠들고 싶을 때가 있다

때로는
그리운 사람을 그리워하다가
목을 놓아 울고 싶어질 때가 있다.

사랑하는 이여!
그대는 그렇지 않은가?

수행자의 길

득도 깨달음
이런 것들을 얻은 후에 하늘을 날 수 있고 축지법을 쓸 수 있는 정도라면
나는 참으로 원치 않는다
그런 정도라면 한낱 미물인 기러기 한 마리도 구만리장천을 날아갈 수 있고
조그마한 산토끼 한 마리도
백 미터 달리기에서 우승한 올림픽 선수보다 훨씬 빨리 달릴 수 있으니까

득도 깨달음
이런 것들로 인해 뭇 사람들의 마음을 아리송하게 만드는
언어의 유희를 일삼는 정도라면
나는 더욱더 원치 않는다
그런 정도라면 한 마리의 풀여치나 귀뚜라미가 들려주는 자연의 소리가
훨씬 더 큰 감동으로 다가와 내 영혼을 흔들어 깨우니까

그러나
득도 깨달음

이런 것들로 인해 차돌처럼 단단하고
얼음장처럼 차가웠던 내 마음에 아주 작은 변화가 일어나서
새 한 마리의 죽음 앞에서도 연민의 정이 솟아나고

이웃들의 슬픔과 고통 앞에서 일렁이는
가엾고도 측은한 마음을 누를 길 없어
정성을 다하여 인정을 베푸는 일이라면
평생을 두고도 못 다하리라
아암, 못 다하고말고.

그분은

나에겐 한 분
하느님이 계시다

그분은
태양을 떠오르게 하시고
별을 돌게 하시고
바람을 불게 하시고
꽃을 피게 하신다

그분은
신비감으로 나를 감싸주시고
끊임없이 내 마음을 설레게 하시고
하루 종일 나를 행복하게 하신다.

명상이 있는 기도

흔들리지 않으면 그것이 기도다

예쁜 여자를 바라보아도
시끄러운 저잣거리에 앉아 있어도
누구와 함께 농담을 해도
핍박과 조롱과 굴욕을 당해도
발길에 걷어 채이고 매질을 당해도
재판정에서 판사에게 사형 선고를 받아도
병원에서 의사에게 암 판명을 받아도
평상심을 잃지 않으면 그것이 기도다

흔들리지 않는 마음의 평화를 원하는가?

그러면
네 숨 속의
숨을 보아라.

밥 한 그릇

소박한 밥상위에
놓인 밥 한 그릇을
가볍게 보아서는 안 된다

그 속에는
하늘의 햇빛과
땅의 온기와
사람의 손길이
목숨처럼 살아 있다

밥 한 그릇을 먹는다는 것은
단순히 밥 한 그릇을 먹어치우는
요식 행위가 절대로 아니다

밥 한 그릇을 먹는다는 것은
하늘과 땅과 사람이 하나 되는
거룩한 신비를 거행하는
하나의 성사聖事다.

섬진강에서

하느님은 시인이시다
끊임없이 땅에다 시를 쓰신다
삶에 지친 인간들 읽으라고
땅에다 대고 시를 쓰신다

삶에 지친 영혼에게
하얀 매화꽃에서 흘러나오는 은은한 향기와 푸른
대나무숲을 스치는 청량한 바람소리를 공으로
들으라고 들판에다 시를 쓰신다

유유히 흐르는 섬진강의 흰 모래톱을 지나는
물새들의 느린 발자국 소리를 듣고 위로를 받으라고
강바닥에다 시를 쓰신다

그러니 삶이 고단하고 남루하다 생각이 들 때
우리도 하느님 들으시라고 하늘에다 대고 시를 읽자
무거운 생각 훌훌 날려 보내면 마음이 가벼워서 좋지 않은가?

성성자惺惺子에게

구도의 길에서 만난 좋은 길동무
나의 도반 성성자惺惺子여!
요즘은 어찌 지내신지 궁금하구료

쩔렁쩔렁 방울소리 울리며
모든 도반들에게 밥이 되어 주겠다던
그 낭랑한 목소리 들을 때
수줍은 제비꽃도 방긋 웃었지

이젠 세월이 흘러
그 모습
보옵긴 어렵사와도

쩔렁쩔렁 방울소리
바람을 타고 흐르네
강물이 되어 흐르네
자꾸자꾸 귓전을 울리고가네 그려

성성자惺惺子여!
그대는 아는가?

소리 없는 곳에서 소리를 듣고
형체 없는 곳에서 형체를 볼 줄 아는
도반이 있음을.

오늘 말고는 다른 날은 없어요

친구여, 삶을 너무 곤궁하게 가져가지 말아요
꽃이 피면 꽃들에게
별이 뜨면 별들에게
한 번이라도 눈길을 주어요

바쁘다
시간 없다
그런 핑계거리를 챙기려들지 말아요
'다시 태어나면'이라는 말은
더더욱 하지 말아요

우리가 챙겨야 할 것은
오늘이고 지금이고 여기에요

오늘이 비록 안식일이라 할지라도
지금, 그리고 여기에서 좋은 일을 하고
사람을 살리는 일을 해야 해요

하느님 나라는 죽어서야 가는 나라가 아니에요
지금 여기서 하느님 나라의 삶을 살아야 해요

오동나무 아래서 듣는 가을 소리

그토록 무덥던 삼복더위가 다 물러가고
가을의 문턱에서 오동나무 아래에 서면
파란 하늘에서도 가을 냄새가 묻어난다

아침저녁으로 실려 오는 서늘한 바람이
오동나무 가지 사이를 스치고 지나간 자리마다
가을 소리가 뚝뚝 떨어져 내린다

가까이 다가가서 숨을 고르고
오동나무 등걸에 살며시 귀를 갖다 대보면
거문고 소리가 울려 퍼질 것만 같다

아아, 나는 이렇게 오동나무 아래서
맑고 깨끗한 가을 소식을 듣고 있는 것이다.

배경이 있는 사진 한 장

마음아
삶의 길에서 등 따시고 배부른
행복을 찾으려거든
쪼르르 굶어서 춥고 배고픈
궁색한 길을 거쳐서 오라

마음아
참되고 완전한
기쁨을 얻으려거든
처절한 고통과 깊은
슬픔의 강을 건너서 오라

배부른 행복은
배고픈 고통을 배경으로 삼고
가슴속까지 환해지는 기쁨은
깊은 슬픔을 병풍으로 삼나니

마음아
이를 깨달으면 득도요
실천하면 사랑이다.

숲속의 고요

긴긴 오후 한나절을
숲속에서 보냈다

숲속은 어디나
물이 흐르고
꽃이 핀다

나도 그렇게
자연 속에 섞여서
인위적인 끈을 놓아 버리니
마음은 저절로 한가롭고
억지스러운 일이 하나도 없다

삐리 삐르 삐르르~~
산새 소리가 이따금
숲속의 고요를 깨우고 갈 뿐이다.

연우당蓮雨堂

후두둑
소나기 지나간 자리

정말
눈부시다

연잎에 맺힌
영롱한 수정 구슬

관상觀想

아기 사슴이
처음 눈을 뜨고
세상을 보듯

나도 그렇게
눈을 뜨고
내 마음 자리를 보네.

무욕無慾의 도道

무욕의 도를 구하려면
들꽃에게 배우는 것이 가장 좋다

사람들의 발자취가 끊긴
심산유곡이거나

아니면
사람들의 발길이 끝없이 펼쳐지는
허허로운 들녘이거나

들꽃은 어느 곳에서나
뿌리를 내리고 꽃을 피운다

보아주는 사람 없어도
알아주는 사람 없어도
항상 평화로운 모습이다

아, 그나마 나는 얼마나 눈물겨운지
내 가난한 사람 잠들어 세상의 말을 잊고
가만히 밝히는 불빛의 고운 꿈을 꾸고 있는 것
그리하여 살아 있음이 아닌가.

봄 들녘에서

봄 들녘을 바라보라
냉동고 문이 열리자 꽃들이
도착했다
꿀벌보다 먼저
나비보다 먼저
사과보다도 먼저

냉동고에서 나온 벌들이
웅웅거린다
냉동고에서 나온 새들이
지저귄다
냉동고에서 나온 사람들이
꽃들에게 인사를 건넨다

함께 떨며 아팠던
겨울 왕국의 가족임을
까맣게 잊은 채

단풍

내 가슴이 탄다
내 몸이 탄다
내 혼이 탄다

물
물
물
을
다
오

엘리 엘리 레마 사박타니

가르침을 주는 나무

수도원 뜨락에 홀로 서 있는 단풍나무 한 그루
먼 길 떠날 차비 차리느라 사뭇 분주하다

새싹 돋는 봄날의 환희도
꽃물 드는 가을날의 영화도 훨훨
벗어버리고 삶의 저편으로 떠나는
분신들을 전송하며 가난한 수도승처럼 그렇게
무소유를 온몸으로 실천하고 있구나

무언가를 꼭 쥐고 놓지 못하는 우리네
인간들의 집착을 경책이라도 하듯이
말씀이 아닌 행동으로 보여 주고 있구나

가난한 순례자의 노래

내 뜻 붙이고 사는 방은
사방이 두루 여섯 자
여섯 자의 낡은 침대에
가난한 책상이 하나

천정에 줄을 매달고
옷가지를 걸었더니
수사修士의 방이라기보단
남루한 세탁소 같네

작고 소박한 방이라고
다 누추한 건 아니지
덕德 있는 사람이 살면
향기 절로 나겠지

작아서 아늑한 방
가난해서 더 편안한 방에서
때론 앉고 서고
때론 누우며
가난의 덕德을 키워야지

인간의 행복이나 불행은
겉만 보고 판단할 수 없는 법

눈으로 볼 수 없는 가치가 지금
여기서 꽃피고 열매 맺을 수 있도록
가난의 노래를 부르려네

괴불나무

입었던 옷을 모두 벗어 버렸네요
벗어버리니 이렇게 홀가분한 것을
가리고 싸맨 채 살았습니다
하나도 잃어 버릴 것 없는 것을

이제 제 자신을 선물로 내놓습니다
일 년 동안 최선을 다해 얻었어요
빨간 사랑의 열매 한 톨

직바구리가 날아와 묻습니다
저를 위한 따뜻한 배려인가요?
자신에게 충실하기 위해선가요?

바보

그땐
왜 그랬는지 모르겠어
바보같이

앞으론 안 그러겠다
해놓고 또 그랬네
바보같이

다신
그러지 말자 해 놓고
또 그러고 있네
바보같이

하하
바보

섬진강 여울물

산책 삼아
하늘을 날던 물새들
일제히 땅으로 내려와
섬진강 모래톱을 원고지 삼아
하루 종일 발로 시를 쓴다
섬진강 여울물은 새들이 쓴 시를
소리 내어 읽는다 그 소리 유장하여
바다에서도 들린다

이 순간

꽃 지는 내일을 생각지 말라
다만 이 순간 피어나는
꽃 한 송이를 눈여겨 보아라
그리고 흥이 나거든
어깨를 들썩이며
발도 함께 춤추어라

모든 것이
한순간이다

시인의 집에서

남이섬에 있는
시인의 집에는
시인이 살지 않는다
그저 허허로이 앉아서
시인을 기다릴 뿐이다

남이섬에서는
시인이 시를 쓰지 않는다
북한강 물고기들이 시를 쓰고
시인은 물고기들이 쓴 시를
받아 적을 뿐이다

남이섬에서는
시인이 시를 낭송하지 않는다
밤하늘의 별들이 시를 낭송하고
시인은 별들의 시낭송을 음미할 뿐이다

남이섬에서는
시인이 노래하지 않는다
남이섬 숲속의 새들이 시를 노래하고

시인은 새들이 들려주는 노래를 감상할 뿐이다

세상의 모든 시인들이여
남이섬에서는 시를 지으려고 애쓰지 말자
다만 자연이 들려주는 시를
듣고 음미하고 마음속에 새겨서 가자

망월동 국립묘지에서

해 뜨는 날은
양산동에 가서 살고
비 내리는 날은
우산동에 가서 살았지요

찢어진 우산 하나 없어도
불편하다고 생각지 않았어요
별로 가진 건 없었지만
그런대로 행복했어요

그런데
천 구백 팔십 년 오월 십팔 일
못된 군인들이 쳐들어와서
죄 없는 광주 시민들을 마구 죽였어요
피 흘린 주검들을 수습해서 망월동에 묻었지요

그 후론
망월동에 두둥실 달이 떠도 차마
쳐다 볼 수가 없었답니다

그날이 오면
그날을 생각하면
억장이 무너지고 몸서리쳐요

무등산

서울 갔다가 집에 돌아오면
가장 먼저 반겨 주던 무등산
고속버스가 톨게이트를 진입할 때
멀리서 손짓하며 반겨 주던 산
정다운 산, 무등산

일천 구백 팔십 년
화가 머리끝까지 치솟아
죽을 것만 같던 오월 민주 항쟁 때도
무등산은 광주 시민을 따뜻이 품어 주었지
군사 정권은 짓밟고 보수 언론은 왜곡하여
광주 시민을 폭도로 몰아세울 때에도
무등산만은 광주 시민을 이해하고 감싸 주었지

"내가 모두 보았노라"고
"내가 저들의 만행을 다 보아서 알고 있노라"고
그러니 "내가 발 벗고 나서서 증언해 주겠노라"고
살갑게 맞아 주었었지, 그때
어머니 품속 같은 무등산의 위로가 없었다면
그 모진 세월, 우린 어찌 살아 냈을지 몰라

쩔룩발이, 곰배팔이, 잘 배운 이, 못 배운 이,
많이 가진 이, 못 가진 이, 하나도 가리지 않고 차별 없이
품 안에 맞아 다독여 주던 무등산이 없었다면
난, 지금 이 세상사람 아니었으리

인생은 무슨 의미

돌돌돌 흐르는 맑은 시냇물
소리에 귀 기울일 줄 모른다면
삶은 무슨 재미

햇빛 좋은 봄날
줄지어 피어나는 꽃들에게
눈길 한번 줄 줄 모른다면
삶은 무슨 재미

산 능선 겹겹이 펼쳐지는
신비로움을 관상할 줄 모른다면
삶은 무슨 재미

하루해가 저물어 가는 석양 노을을
넋 놓고 바라볼 줄 모른다면
삶은 무슨 재미

돈으로 환산할 수 없는 소중한 가치를
귀하게 여길 줄 모른다면
인생은 또 무슨 의미

시인

툭툭
건드리고 흔들어 깨워
문자들에게 활력을 불어넣는
당신 직업은 필시 마술사!

호명 받은 문자들

꿈틀,

저렇게 기지개를 켜고
일어나는 걸 보면

오월의 꽃

빨간 꽃 노란 꽃 모두 지고
하얀 꽃들 흐드러지게 피었습니다
여름이 가까이 왔다고 꽃들이 소식 전합니다

오월의 하얀 꽃들이 노래합니다
아카시아, 이팝나무, 말채나무,
때죽나무, 불두화, 찔레꽃 휘날려
바람에 날려 떨어져 내립니다
눈 내리는 겨울 풍광을
오월에 보여 주고 있습니다

오월에 피는 하얀 꽃들
혼신을 다해 우리네
인생 길 밝혀 주고 있습니다

이팝나무 꽃들 피어
망월동 가는 길 환하게 밝혔습니다
오월 광주의 영혼들 돌아와
평화의 꽃등 내걸었습니다

이제 당신의 아픈 가슴에 평화의 꽃
한 송이 달아드리고 싶습니다
평화를 갈망하는 당신 가슴에

제주 바닷가에서

제주 바다에 오니
파도가 시를 쓰네
한 줄 쓰고 나면
또 한 줄 새하얀 원고지가
바다 위에 환하게 펼쳐지네

뭍에 사는 사람들
바다에 펼쳐지는 시를 읽으며
좋아라, 파도처럼 웃고 서 있네

추사체

일생
탱자나무 울타리에 갇혀
벼루 열개를 구멍 내고
천개 몽당붓 만들어
마지막으로 얻어 낸
딱 두 글자

판전板殿!

추사체를 본 어른들은
하나같이 고개를 갸웃거리고
아이들은 한결같이
제가 쓴 글씨마냥
정답다 하네

길 위의 공자
- 제자의 마음을 빌려

우리 스승 공자님은
온화하시기가 저 봄바람 같으셨지
제자들에게 눈 한번 흘긴 적 없으시고
어느 말씀 한마디
박절히 하신 적 없으셨지

당신 마음에 내키지 않으실 때도
내 마음 깊이 헤아려 주시고는
하시는 말씀이
"네 마음에 편하거든 그렇게 해라"
그러셨지
그러셨지

고난의 때에도
하늘을 원망하시거나
남을 탓하지 않으시고
그저 모든 것을 천명天命으로 받아들이셨지

평생 당신 자신 위한 고민 없으셨으나
단 하루도 '우환의식憂患意識'에서 벗어나지 못하셨지

길 위를 떠돌며 '사람의 도道'를 펼치실 때
'마치 상갓집 개 같다'는 비아냥거림에도
결코 평상심平常心을 잃지 않으셨지
어디 그뿐인가?
수많은 은자隱者들이 조롱을 멈추지 않을 때에도 선생님께서는
"세상에 도道가 행해지면 내가 구태여 변혁하고자 애를 쓰겠느냐"고
하셨다네

일생 문제를 밖에서 찾지 않으시고
무도無道한 세상을 탓하지도 않으시고
천명天命의 길에서 달릴 길을 다 달리시다가
힘이 쇠잔해지시자 시냇가에 서서
"가는 것이 흐르는 물과 같구나, 밤낮없이 쉬지 않는구나"
하셨다네

우리 선생님은 어떤 분이신가?
분발하면 먹는 것을 잊으시고
도道를 즐기실 땐 근심을 잊으시고
늙는 것조차 인식하지 못한 분이셨다네

까말돌리 수도원에서

해발 1100미터 까말돌리 수도원에는 열 명의 수사들이 산다
까말돌리 수사들의 밥은 기도이다
수방修房에 자신을 가두고 기도를 먹고 산다

까말돌리 수사들의 언어는 침묵이다
불필요한 말을 떠나보내고
참말 옹골찬말로 살기 위해 침묵한다

말이 너무 많아 시끄럽고 혼탁한 세상
말속에 말이 섞여 말이 귀하지 못한 세상에
최고의 언어는 침묵이라는 듯
그들은 침묵으로 산다

까말돌리 나무들도 수사들을 닮아 침묵으로 산다
침묵의 나무들이 수사들의 기도 소리를 듣고 자라
하늘로 오르는 사다리가 된다

신의 말씀은
저 사다리를 타고 내려오시는 것일까
수사들의 기도 소리는

저 사다리를 타고 올라 신에게 가납되는 것일까

순간,
까말돌리 수도원 종탑에서 종소리가 울려 퍼진다
내 몽매함을 깨워주기라도 하듯이

라 베르나 수도원 가는 길

새들의 경당을 지나
라 베르나 수도원 오르는 비탈길에
넘어질듯 위태롭게 서 있는 큰 바위를
나무젓가락 하나로 받쳐 주었네

큰 바위 형제여
이제 그만
편안하게 쉬시게
"그동안 고생이 많았지!"
인사를 건네면서

사람 사는 세상

젊은 벌목공이 쉼 없이
삼십 년 동안 나무를 베어 냈다
순식간에 꽃들이 사라져갔다
꿀벌들이 보이지 않았다
새들도 자취를 감춰 버렸다
생명이라고는 살 수 없는
사막만 남았다

어느 날 노인이 들어와
삼십 년 동안 꾸준히 나무를 심었다
숲이 서서히 우거지기 시작했다
아름다운 꽃들이 시나브로 피어났나
하루 종일 꿀벌들이 웅웅거렸다
새들 지저귀는 소리가 숲을 가득 메웠다
사람들이 돌아와 집을 짓고 아기를 낳아 키웠다

어머니

하늘의 별이 되신 어머니
하늘에서 땅을 굽어보시면
사람 사는 세상의 수많은 불빛들
은하수 되어 흐르겠지요

어머니, 땅의 은하수 속 저를
찾고 계시나요?
저도 어머니가 보고 싶을 땐
밤하늘의 은하수를 쳐다봅니다

육肉으로 계실 때는 만나 뵙기 어렵더니
지금은 시공을 초월해 영靈으로 계시니 제가
어머니를 부르기만 하면 당신은 금방
제 마음 속에 들어와 계십니다

제가 어머니를 부를 때면
얼굴 가득 환한 미소가 번지시던 어머니
저는 어머니의 그 선한 눈빛을 가장 좋아한답니다.

사랑해요
어머니!

카네이션

불현듯 시상이 떠올라
꺼둔 손전화기 다시 켜서 자판을 두드리네
생각은 자판을 타고 또르르 미끄러져
문자가 되고 시를 만들어 가네

천애고아가 된 나
어버이날이면
"카네이션 사들고 갈 곳 없다" 한탄만 하며
하루를 보냈지

저 아씨시의 성 프란체스코는
저잣거리의 걸인을 만나도
아버지의 연배면 아버지로 모시고
어머니의 연배면 어머니로 섬기셨다는데

제자 된 나, 부끄러워라!
스승에게 배운 삶과 영성은 어디 두고
슬퍼 눈물짓는가!

이제

제 몸을 선물로 바쳐
세상 모든 어버이 가슴에
카네이션이 되리

바보처럼 살 일이네

나, 오래도록 살았네

태어날 때부터 병약하여
어른들은 내가 요절할 줄 알았다는데
다리 부러진 짐승처럼 절뚝거리며 나
여기까지 걸어왔네

중년에는 위암에 걸려 또 죽을 뻔 했었지
돌아보면 어려움도 많았지만
은혜로운 일 더욱 많았다네

거듭되는 죽을 목숨 기꺼이
살려 주신 신의 뜻이 있으시겠지

그러니
누가 나를 보고 바보라고 깔깔대며
좀 얕보고 깔보면 어떤가?
그렇게 해서 그가 편안하다면야
내사 기꺼이 감당할 일이지

기쁜 사람 있으면 함께 웃어 주고
슬픈 사람 만나면 눈물지으며
욕심 부리지도 말고
집착도 없이 무심으로
순박하게 살아볼 일이네

누구를 만나든
잘살라고 잘되라고
축원을 건네며

민주주의

들으라!
살아 고동치는 내면의 소리를

세상을 바꾸는 사람
따로 존재하는 것 아니다
'이대로는 안 된다'는 생각이 들 때
분연히 일어서야 한다

마음의 소리
양심의 소리
심장 뛰는 소리
쿵쾅쿵쾅 북소리 되어 울릴 때
참여해야 한다
연대해야 한다
힘을 모아야 산다

우리가 갈망하는 민주주의는
'참여'라는 두 글자를 양심에 새길 때
비로소 시작이다
마침내 희망이다

사랑 없이는

바다의 파도는
바람 없이 일어설 수 없네

우리네 인생 또한
마찬가지

사람은 사랑 없이는
살아갈 수가 없네

어느
한 순간도

어떤 위로

힘들고 지친 나를 보고
한 아기가 환한 미소를 지어 주었을 뿐인데
내 마음은 어느새 평화로 가득하네

슬프고 괴로워하는 나를 보고
그는 '네 마음을 안다'고 말해 주었을 뿐인데
내 마음은 따뜻한 위로를 받고 있네

작은 풀꽃들이
지천으로 피고 지는 허허로운 벌판에서
풀꽃들에게 위로를 받으며 나 여기 서 있네

참으로 은혜로운 일이지
다 죽어가던 내가 이렇게
소생할 수 있다는 사실 말이야

그저 놀란 듯만 하시게
– 노자 『도덕경』 13장을 읽고

친구여!
살다 살다가
사람들에게 칭찬과 사랑을 받을 때에도
그저 놀란 듯만 하시게
좋아도 아주 좋아하진 말고

친구여!
살다 살다가
사람들에게 멸시와 조롱을 받을 때에도
그저 놀란 듯만 해야 하네
싫어도 아주 싫어하진 말고

다만, 햇살처럼 고르고
샘물처럼 담담한 마음을 지녀야 하네

총애도 굴욕도
가만 놔두면 모두가 사라지고 마는 것
걸려서 넘어지는 일만은 없어야 하네
친구여!

청호당淸昊堂
- 고계영 바오로 신부에게 주다

신선하고
해맑은 언어만 모아
집을 지으리

언어로 세운 집

하늘이 환하게 열리고
가슴이 탁 트이는 집에 들면
마음은 차분해지고 사색은
더욱더 깊어지리

사색의 샘에 두레박을
내리면
별빛 같은 문장들 그득히
담겨 올라오리

주인의 마음이
맑은 하늘처럼 밝게 비치는
집
그 집에 들면
밥은 안 먹어도 좋으리

공명의 방

캄보디아 앙코르와트 '공명의 방'에서
주먹을 살포시 말아 쥐고
가슴을 쿵쿵 치면
온 몸이 북이 되어 반응한다

두~우웅
두우~우웅
두우우~웅
둥 둥 둥 둥!
장엄한 소리를 내며 퍼져 나간다

별안간

나뭇가지에 앉아 있던
새들이
푸드득푸드득 하늘로 날아 오른다
정원에서 한가히 졸던 개도 깨어
하늘을 보고 짖는다

소리가 세상의 모든
빈틈을 메우며 간다

고달파야 진짜다

삶은 고달픈 것이다
고달파야 진짜다

한 집의 가장은 가족을 건사하기 위해 고달파야 하고
선생은 학생을 잘 가르치기 위해 고달파야 하고
의사는 국민의 건강을 위해 고달파야 하고
군인은 국민이 편안히 잠들 수 있도록 고달파야 하고
대통령은 국가의 안녕과 번영과 평화를 위해 고달파야 한다

우리는 이렇듯 각자
서 있는 자리에서 고달파야 산다

나는 너를 위해
너는 나를 위해 우리는
서로를 위해 고달파야 산다
그래야 진짜다

숲속 저 작은 새의
움직임을 눈여겨 보아라

오늘도
제 새끼를 건사하기 위해 분주히 움직이는 저
숭고한 날갯짓을 보아라

가난한 순례자의 노래

오수록 프란치스코 형제

저에게는 세 친구가 있습니다. 차와 클래식과 시입니다. '이 셋은 맑다'는 데 공통점이 있겠습니다. 수도생활 또한 맑음의 추구라 생각했습니다. 슬프거나 괴로울 때에도, 기쁘거나 즐거울 때에도 이 세 친구는 언제나 저와 함께해 주었습니다. 때론 들뜬 마음을 가라앉혀주고, 때론 거친 호흡을 느긋이 풀어주며, 순례의 길을 동반해 주었습니다.

순례의 길에서 차를 마시고, 클래식을 들으며, 시를 읽거나 짓는 일은 호사好事인 동시에 성사聖事였습니다. 차는 사람을 정화시켜줍니다. 클래식은 귀를 헹궈줍니다. 시는 맑고 밝은 길을 열어줍니다. 열린 길 따라 순례의 길을 걸으며 가난한 노래를 불렀습니다. 이제 노래들이 저마다 날개를 달고 세상을 향해 날아갑니다.

맑은 차 마시며
내 핏줄을 정화하네

클래식 고운 선율로
내 귀를 헹구지

꽃을 보고
새소리를 듣고
숲속을 거닐며 시를
읊조리는 나는

하느님의 선善을 노래하는
작은 새

졸시, 「나의 하루는」 전문

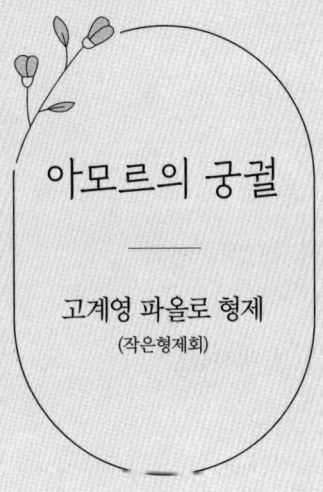

아모르의 궁궐

고계영 파올로 형제
(작은형제회)

아모르의 궁궐 1

감미로운 것은 모두 아모르* 이다.

사랑도 아모르이고,
그리움도
사무침도, 동경도 아모르이다.

매화 향기도,
밤 하늘 별들의 초롱함도 아모르이고

죽음을 품고 잠들어 있는 대지를
흔들어 깨우는 봄 기운도,
장구한 세월 묵묵히 흘러가는
강물의 유유함도 아모르이다.

뜰 아래 고즈넉이 피어 있는
수선화의 단아함이나,
푸르른 잎에 맺혀 있는 이슬의 영롱함,
청아한 새소리의 고움,

---

* "아모르"(amor)는 라틴어로, "사랑"을 의미한다.

마음을 씻어 주는 물방울 소리의 맑음,
진주의 은근함,
다이아몬드의 단단함도 아모르이다.

온 몸을 휘감는 입술의 달콤함과
전율을 일으키는 살들의 스침,
몸과 마음을 불사르며 송두리째 마비시키는
성(性)의 감미로움도 아모르이다.

모짜르트(Mozart) 피아노 협주곡 21번 C장조 제2악장의 슬픈 아름다움,
비명에 간 아들을 관조하는 성모 마리아의 시선과
살아 있는 어머니를 죽음으로 업고 있는 아들의 시선을 조각한
미켈란젤로(Michelangelo)의 론다니니(Rondanini) 피에타에 흐르는 그 윽함,
생명이 죽어가는 황무지를 사랑으로 적시어 살리자는 T. S. 엘리어트(Eliot)의 절규,
보편과 절대를 강조하는 이성 속에 도사리고 있는 냉혹함을 가르며
고유성과 자유를 노래한 둔스 스코투스(Duns Scotus)의 예리한 지성과
그 지성의 온유함도 아모르이다.

에로스(eros)와 아가페(agape)가 소용돌이 치는 아모르여!
몸과 영이 순수해지는 아모르여!
여성성과 남성성이 완성되는 아모르여!

감성과 지성이 하나되는 아모르여!
사랑과 진리가 일치되는 아모르여!
개인과 전체가 조화되는 아모르여!

어둠이 빛으로 승화되는 아모르여!
미움과 슬픔이 소멸되는 아모르여!
상대가 절대로 초월되는 아모르여!

자유가 꽃 피고,
아름다움이 꽃 피고,
선이 꽃 피고,
사랑이 꽃 피고,
신비가 꽃 피는 아모르여!

2013. 6. 6.

아모르의 궁궐 2

마르틴 하이데거(Martin Heidegger)는 '있음'의 신비를 오래 성찰한 후
"언어는 존재의 집"이라는 명제를 남겼는데,
다이나** 와 아모르 유희를 하다
"언어는 사랑의 집"임을 깨닫게 되었어요.
사랑은 신비이니, 언어는 또한 신비의 집이기도 하지요.

어여쁜 이의 사랑이 담긴 글자들이 열릴 때마다
그 낱말들이 살아 있는 존재들이 되어
가슴 속 깊이 쏟아져 들어옵니다.
황홀한 초월이 열리고,
사랑에 출렁이는 마음은
향기로운 신비로 가득 찹니다.

이 몸은 다이나의 사랑이 머무는 아모르의 집이고,
이 영혼은 다이나의 영이 머무는 신비의 집입니다.

나의 어여쁜 이는 저를 체르보*** 라고 부릅니다.

** "다이나"(daina): 암사슴을 뜻하는 이탈리아 말
*** "체르보"(cervo): 숫사슴을 뜻하는 이탈리아 말

늠름한 사슴이 어여쁜 이의 유일한 집이고
그윽한 사랑의 향기 이는 아모르는
어여쁜 다이나에게는 가장 신비로운 보석의 집이니까요.

이 밤엔 신비의 궁궐에서 어어쁜 이와 입맞추며 뒹굴렵니다.

2013. 6. 9.

아모르의 궁궐 5
- 체르보의 노래

그대 부드러움 앞에서
아모르가 꿈틀거리며
힘차게 솟아올라요.

순수 안에서
환호하는 팡파르여,
아모르의 향기로운 나르드여!

신비가 잦아드는
거룩한 밤이여!

아모르를 유희하는 밤,
신비를 창조하는 밤,
황홀하고 아름다운 밤이여!

2012. 10. 3.

아모르의 궁걸 6
- 다이나의 노래

적막한 정원
맑은 연못에서
물놀이를 즐겨요.

마음으로 흘러내리는 그대 아모르,
감미롭도록 아름다워요.

온 몸을 휘감으며 스치는 물결이
황홀하도록 부드러워
아모르가 흐느껴요.

2012. 10. 4.

아모르의 궁궐 11
– 체르보의 노래

기품 있는 청록의 아모르가
더없이 부드러운 그대의 아모르에 입맞추면
불꽃이 튀고
사랑의 터 타오르리.

그리운 내 영혼의 천사여,
그대는 기품에 찬 아모르의 영원한 소유주

오로지 그대에게 바치오니
황홀히 품어 주오.

2012. 10. 14.

아모르의 궁걸 12
- 다이나의 노래

당신의 아모르가 고동칠 때
이 몸은 향유에 젖으며
감미롭게 사무치고
온 마음, 동경으로 달아올라요.

애타는 감미로움,
타오르는 향유 속

패기에 차
진군하는 그대 아모르

천지를 뒤흔들듯
폭발하는 아모르의 가없는 바다!

2012. 10. 16.

아모르의 궁궐 13
- 체르보의 노래

아모르와 아모르가
뒤섞이는 밤

고요히 아모르를 뜯으며
그 감미로움을 연주해요.

탁월한 감촉의
오묘한 그 부드러움 타고!

2012. 10. 18.

아모르의 궁궐 14
- 다이나의 노래

나의 사랑 체르보여,
늠름한 나의 사슴이여!

사랑에 지친 이 몸,
그대의 아모르로 입맞춰 주어요.

그리움으로 앓는 이 몸에
아모르의 묘약을 쏟아 주어요.

2012. 10. 20.

아모르의 궁궐 15
- 체르보의 노래

그리운 당신의 아모르를 생각만 하여도
오색의 무지개 그윽히 떠오르며
온 몸의 촉감이 기뻐 뛰논다오.

아모르가 녹아 내리는 밤,
사랑이 깊어가는
그윽한 밤

감미로움을 노래하며 뒹굴다
이 몸은 그 황홀함에
넋을 잃었다오.

2012. 10. 22.

아모르의 궁궐 16
- 다이나의 노래

고동치는 아모르는
생명의 궁궐이요
고귀한 보석이에요.

타오르는 아모르 속에서
온 몸이 정련되어
새로운 하와로 태어나요.

사랑하는 나의 체르보여,
아모르의 유희 안에서
당신은 늠름하고 멋진 사슴!

2012. 10. 23.

아모르의 궁궐 19
– 체르보의 노래

    1

아모르의 여명이
세포들을 알알이 흔들어 깨우니

메말랐던 심신이 눈을 비비고
잠자던 생명의 신비가
기지개를 펴며 찬양하옵니다.

"아모르의 주 하느님 찬미받으소서!"

아모르의 아모르께
사랑의 아리아를 노래 부르옵니다.

    2

성조 아브라함의 할례는
인간의
가장 소중하고
가장 감미로운 분깃,

가장 성스러운 분깃으로 맺어진
아모르의 계약이요

야훼 하느님께서 인류와 맺어주신
신성한 사랑의 계약이었나이다.

    3

거룩함을 읊는 아모르와
아모르의 감미로움과
감미로움의 오묘함을
숭고한 빵의 제물로 봉헌하옵고

거룩함에 묻어 있는
허물은
향기로운 포도주의 제물로 제헌하옵니다.

그리스도께서 흘리신 거룩한 피로
더러운 티끌들을 깨끗하게
씻어내리시옵고

믿음의 성조를 본받아
거룩한 아모르를 흠없는 아벨의 제물로 바치오니
순수한 사랑의 계약으로 받아주시옵소서!

   4

고요의 신비 안에서
신묘한 변화가 일어나나이다.

신비의 비너스가 깨어나며
순수한 욕망의 봄,
거룩한 사유의 봄,
생명의 봄,
아모르의 봄이 펼쳐지나이다.

새로운 아담이 힘차게 깨어나며
참된 지혜
순수한 용기
빼어난 감미로움이 쏟아지나이다.

5

아모르를 포옹하며
황홀한 밤을 맞이하옵니다.

온 몸의 촉각으로 읊조리는 밤,
조물주의 가장 탁월한 예술을 연주하는 밤,
그지 없이 신성한 밤을 맞이하옵니다.

2012. 10. 28.

아모르의 궁궐 20
- 다이나의 노래

    1

아모르 유희에서 흘러나오는 향유는
향기로운 나르드이고
거룩한 나르드이옵니다.

아모르의 나르드는
그리스도의 가슴에서 흘러나오는
신성한 향유!
눈물이 핑그르르 돌았나이다.

깨끗하고 고귀한 향유 속에
아모르의 씨앗이 뿌려지고
신성한 생명이 싹 트다니요.
아모르의 아름다운 열매가 경이롭기만 하옵니다.

    2

아모르의 유희로 터진 피는
신성한 나르드요

향기로운 성혈이옵고

아모르에서 흘러나온 피는
모성의 향유요
성모 마리아의 향유였나이다.

아모르의 향유 속에서
새 생명이 경이롭게 태어나니까요.

　　　3

빵과 포도주와 함께
우리의 아모르가
천상 제물로 봉헌되나이다.

아모르의 유희가
향기로운 제물로 분향되고

아모르의 향유가
거룩한 제물로 번제(燔祭)되고

아모르의 씨앗들이
신성한 생명의 제물로 축성되나이다.

   4

아모르에서 쏟아지는 찬양
아모르에서 터지는 탄성
아모르에서 울려 퍼지는 메아리

심연에서 솟아오르는 아모르
영혼의 꽃으로 피어나는 아모르
초월의 존재로 빛나는 아모르

태초의 심연에서 싹트는 아모르
우주의 중심에서 소용돌이치는 아모르
무극의 심연으로 수렴되는 아모르

"아모르의 주 하느님, 찬미 받으소서!"

2017. 7. 5.

아모르의 궁궐 21
- 체르보의 노래

우아하게 빛나는
미의 여신 비너스보다

밤 하늘의 별보다
오색찬란한 구슬보다

더 빛나는 보석
더 영롱한 신비

아모르의 유리알에
우주의 신비가 어리고
천상적 초월의 신비가 감도나니

황홀한 그대 아모르에
입 맞추노라.

나의 사랑, 나의 신부여!
나의 심장, 나의 아름다운 사슴이여!

2012. 10. 30.

아모르의 궁궐 22
- 다이나의 노래

당신의 아모르를 살며시 포옹해요.
당신의 부드러운 보석
입 맞추어요.

나의 듬직한 사슴이여,
나의 아름다운 봉우리를 어루만져 주어요.
나의 아모르를 애무해 주어요.

나의 부드러움이
당신의 부드러움을 만나는 감촉이 그리워요.

아모르의 향기로움
아모르의 감미로움
아모르의 황홀함

그 신비로움에 흠뻑 빠져들고 싶어요.

2012. 10. 31.

아모르의 궁궐 23
- 체르보의 노래

아리따운 나의 사슴이여!
그대의 아모르 속으로
위풍당당하게 행진하오.

감미로운 그대의 아모르 안에서
체르보의 아모르는 신비를 연주하는
오보에
첼로
우주를 뒤흔드는 오케스트라

생동하는 예술,
신비로운 아모르가 사랑의 세레나데에 흐느끼노라면
신비의 계곡 그윽히 메아리친다오.

2012. 11. 1.

아모르의 궁궐 24
- 다이나의 노래

당신의 아모르가 위풍당당하게 행진할 때
다이나의 몸은
형언할 수 없는 감미로움 속으로 소멸되는 줄 알았어요.

아모르에서 쏟아지는 황홀한 행복 속에
사랑의 신비로 사라지니
더 바랄 것이 없어요.

2012. 11. 2.

아모르의 궁걸 25
– 체르보의 노래

이 밤도 아모르를 유희하노라.
황홀한 그 감미로움에
넋이 빠져 정신을 잃었노라.

짙은 향유 속에서
낡은 세계가 허물어지고
새로운 천지가 열리노라.

드넓은 초월의 영이 우주에 펼쳐지노라.

2012. 11. 3.

아모르의 궁궐 26
- 다이나의 노래

그대 아모르의 향유에 취해 단잠을 이루고
아모르의 꿈결 속에 단잠을 깨요.

2012. 11. 5.

아모르의 궁궐 27
- 체르보의 노래

아모르의 꿈결에
단잠이 깨었다네.

내 사랑의 천사여,
상큼한 아침이라네.

맑고 초롱초롱 빛나는 눈동자를 지닌
고고한 사슴

그대의 청아한 모습
창공이 다하도록 바라보고 싶어라.

2012. 11. 6.

아모르의 궁궐 28
- 다이나의 노래

내 가슴 속 푸른 사나이여!
당신의 아릿한 사랑으로
황홀히 고동 치는 심장
이루 형언할 수 없어요.

얼마나 경이로운 에로스인가요.
얼마나 오묘한 감미로움인가요.

그 어떤 것과도 견줄 수 없고
그 무엇과도 바꿀 수 없는 천상의 보화

아모르 앞에서는
우정도 모정도
그 어떤 애정도
건조한 사막에 지나지 않아요.

2012. 11. 7.

아모르의 궁궐 29
- 체르보의 노래

그대 아모르의 봉오리를 어루만지노라면
황홀한 달콤함에 젖어
아모르가 패기를 뿜어낸다오.

내 살에서 나온 살이여,
나의 혼에서 나온 혼이여!

감미로운 아모르여,
이 지상에서 가장 격렬한
키스를 보내오.

그 황홀함에
타보르의 제자들이 혼절하듯
지성이 마비되고
천지마저 정지한다오.

애타는 아모르,
향유를 쏟고

몽실몽실 피어오르는 향기로운 구름,

온 몸을 휘감는다오.

나의 사랑스런 잉어여,
아모르의 극치여!

2012. 11. 8.

아모르의 궁궐 30
- 다이나의 노래

아모르의 유희 안에서
사랑의 향유 흘러나오며

굳었던 가슴과 메마른 영
비옥해지네요.

아모르의 학원에서
사랑의 예술을 익히고 있어요.

피어오르는 초월의 꽃
신비의 르네상스

아모르를 유희하며 사랑의 묘약에 흠뻑 취해
초월의 신비를 연주하는
당신의 아리따운 신부가 되어요.

2012. 11. 9.

아모르의 궁궐 31
- 체르보의 노래

아리따운 나의 신부,
나의 사랑스런 사슴이여!

그대의 아모르는 에로스의 신비를
황홀하게 일깨워 주는
사랑의 궁전

영의 르네상스,
의식의 르네상스를
융성시키는 에덴의 동산

감미로움의 노를 저어
가없는 황홀의 바다를 항해하는 몰아의 향유

지고의 아모르 입맞추며
향기로운 봉오리 터트리는
그대의 신랑이 되오.

2012. 11. 10.

아모르의 궁궐 34
- 다이나의 노래

늠름하고 위풍당당한 나의 사슴이여,
당신을 늘 가슴 속에 품고 살아요.

그대 심장의 고동 소리가 들릴 때마다
짙은 아모르의 안개 피어올라
온 몸과 마음에 신비가 잉태되어요.

놀라워요, 아모르를 통해
당신의 존재가
다이나의 영혼 안에 새겨지다니요.
그 황홀함에 정신이 아득해져요.

성스러운 신비를 안겨주는 아모르여,
초월의 나라로 비상하는 아모르여!

그대의 아모르가 벅찬 환희에
아모르를 지어내신 지고의 아모르께
찬미 가득한 흠숭을 분향해요.

2012. 11. 14.

아모르의 궁궐 35
- 체르보의 노래

부드러운 아모르의 불길이 서서히 달아오르는 몸
흐느끼는 그대의 아모르를 살며시 포옹하며
사랑의 보석을 어루만지노라.

꿈틀거리는 아모르,
사랑의 입술 부딪치며
아모르를 불사르는
깊고 황홀한 밤

나의 사랑, 나의 신부여!
아모르 속으로 스러졌어라.
지친 이 내 사랑 잦아들었어라.

어여쁜 사슴이여,
사랑스런 나의 눈동자여!

2012. 11. 15.

아모르의 궁궐 36
– 다이나의 노래

동트는 새벽을 맞으며
다이나의 아모르에 흐르는 숨결이
당신의 아모르에게 찬미를 드립니다.

에로스의 신비 안에서
마음의 나병이 말끔히 치유되며
햇순이 돋아납니다.

아모르는 가장 엄숙한 지상의 신비,
천상 왕궁의 비밀을
유출시키는 놀라운 광휘

로고스의 살과 인간의 살이
하나의 살로 새롭게 빚어지는 최후의 만찬은
아모르 안에서 신비의 속살이 찬란히 빛납니다.

아모르의 예술이
열어 보이는 초월의 신비,
지고의 신비에서 쏟아지는 형언할 수 없는 천상계

그 강렬함에 영이 아찔하고
그 눈부심에 온 몸이 마비되고
그 황홀함에 설사 죽음이 초래되더라도

주여, 저승도 좋으리니
지고의 그 복락,
찰나라도 향유토록 축복해 주시옵소서!

2012. 11. 16.

아모르의 궁궐 37
– 체르보의 노래

내 사랑은 오로지 어여쁜 사슴!
사랑을 노닐다 그리운 눈망울 아모르에 닿으면
동그르르 구르는 영롱한 구슬들
그윽한 그 향기 온 밤을 드리우네

아모르의 샘에서 흘러나오는
사랑의 황홀함이여!

나의 입술은 그대의 것
그대의 입술은 나의 것

나의 아모르는 그대의 것
그대의 아모르는 나의 것

나의 보석은 그대의 것
그대의 보석은 나의 것

나의 마음은 그대의 것
그대의 마음은 나의 것

이 몸은 그대를 위해 빚어졌으니,
그대는 이 몸의 유일한 소유주

그대 몸은 나를 위해 빚어졌으니
나는 그대 몸의 유일한 소유주

고결한 나의 별이여,
쏟아지는 내 사랑의 은하수여!

2012. 11. 19.

아모르의 궁궐 48
- 다이나의 노래

당신의 아모르가 두드렸을 때
가슴 일렁이는 고동이 일었어요.

당신의 아모르가 비추었을 때
에로스의 무지개가 돋았어요.

당신의 아모르가 속삭였을 때
사랑의 아리아를 읊조렸어요.

당신의 아모르가 휘감았을 때
향기로운 구름이 밀려 왔어요.

당신의 아모르가 스쳤을 때
사랑의 비너스가 되었어요.

당신의 아모르가 입맞추었을 때
유리알 보석에 사랑이 새겨졌어요.

당신의 아모르를 포옹했을 때
신비를 잉태하는 궁궐이 되었어요.

당신의 아모르와 유희했을 때
온몸으로 사랑을 연주하는 악기가 되었어요.

당신의 아모르가 스며 들었을 때
아모르의 향유를 즐기는 그대의 사슴이 되었어요.

2013. 1. 16.

아모르의 궁궐 57
- 체르보와 다이나의 아리아

    1

아모르의 봉우리를 응시하는
맑은 눈이여!

부드러운 보석을 어루만지는
고운 손이여!

용맹한 아모르를 감싸는
부드러운 입술이여!

    2

감미로운 사랑이 새겨진 유리알
뜨거운 입술로 유희하노라.

호수의 안개처럼
그리움이 피어오르는 그대의 신비로운 아모르

살랑이는 풀잎들이 속삭이는

그윽한 오솔길

휘파람 불며
그대의 향기로운 아모르를 연주하노라.

사랑의 아리아에 흐느끼는 아모르여,
타는 목마름 불사르는 황홀한 아모르여!

   3

당신의 아모르를 맞으려 하니
가슴이 사르어지고
고동이 일어요.

용맹한 행진에 발 맞춰
부드러운 향유 쏟아져 나오고
사랑의 꽃봉오리 터지며
온 몸이 녹아 내려요.

심혼을 호리는 그대의 아모르

구름이 구름을 감싸듯
살며시 포옹해요.

    4

아모르의 입맞춤
황홀도 하여라.

보드러운 아모르여,
황홀한 보드러움이여!

타오르는 황홀함이여,
온 몸을 불 사르는 황홀의 극치여!

홀연히 구름이 일고
자욱한 안개에 휘감기는 봉우리

황홀한 구름 속 봉우리에서 울려 퍼지는
우렁찬 쌍나팔 소리

천둥이 울리고
우주가 진동하누나.

2013. 2. 4.

아모르의 궁궐 63
- 사랑의 이중창

나의 몸은 당신의 몸이요
당신의 몸은 나의 몸이에요.

나의 살은 그대의 살이요
그대의 살은 나의 살이라네.

나의 피는 당신의 피요
당신의 피는 나의 피예요.

나의 뼈는 그대의 뼈요
그대의 뼈는 나의 뼈라네.

나의 가슴은 당신의 가슴이요
당신의 가슴은 나의 가슴이에요.

나의 심장은 그대의 심장이요
그대의 심장은 나의 심장이라네.

나의 입술은 당신의 입술이요
당신의 입술은 나의 입술이에요.

나의 입맞춤은 그대의 입맞춤이요
그대의 입맞춤은 나의 입맞춤이라네.

나의 포옹은 당신의 포옹이요
당신의 포옹은 나의 포옹이에요.

나의 아모르는 그대의 아모르요
그대의 아모르는 나의 아모르라네.

나의 오르가슴은 당신의 오르가슴이요
당신의 오르가슴은 나의 오르가슴이에요.

나의 감미로움은 그대의 감미로움이요
그대의 감미로움은 나의 감미로움이라네.

나의 마음은 당신의 마음이요
당신의 마음은 나의 마음이에요.

나의 정신은 그대의 정신이요
그대의 정신은 나의 정신이라네.

나의 영은 당신의 영이요
당신의 영은 나의 영이에요.

나의 영혼은 그대의 영혼이요
그대의 영혼은 나의 영혼이라네.

나의 순수는 당신의 순수요
당신의 순수는 나의 순수예요.

나의 의식은 그대의 의식이요
그대의 의식은 나의 의식이라네.

순수 나는 순수 당신
순수 당신은 순수 나

나는 그대
그대는 나

2014. 8. 15.

아모르의 궁궐 69
– 체르보의 노래

유리알처럼 초롱이는
그대 마음의 눈동자

그 투명한 구슬에 어리는
내 마음의 별

고운 그 이슬 방울에
일렁이는 아모르

그보다 더 귀한 보석이 있을까요

2017. 10. 5.

아모르의 궁궐 72
- 다이나의 노래

창밖의 살랑이는 망초는
잎가에 이는 바람과 아모르를 즐기고

넓은 오동나무 잎은
너울너울 춤추며 아모르를 즐기고 있어요.

들녘의 밀들은
굽이치며 아모르를 즐기고
잔잔한 호수의 잉어들은
부드러운 물결과 아모르를 즐겨요.

끝없이 밀려오는 파도는
묵묵한 바위를 애무하고
틈새에 피어난 이끼들은
감미로운 그 어루만짐에
온 몸으로 흐느끼며 아모르를 즐기구요.

하늘거리는 풀잎들도,
흔들리는 나뭇가지들도,
유쾌하게 뛰노는 아이들도,

저마다 아모르를 유희하네요.

2017. 6. 8.

아모르의 궁궐 73
- 체르보의 노래

이른 아침, 창문을 여니
늦가을 찬 기운이 가슴을 휘감네요.

차가움아, 주님을 찬미하여라.

심연으로부터
아모르가 그윽히 피어올라요.

2013. 11. 18.

아모르의 궁궐 76
– 다이나의 노래

우주의 지향점은
신비이고

신비의 지향점은
아모르이나이다.

우주의 중심에서
소용돌이 치는 아모르

아모르는
우주의 심장이고

만물은 아모르로
끝없이 수렴되나이다.

2013. 11. 21.

아모르의 궁궐 77
— 체르보의 노래

동이 트기 전
고요한 경당에 홀로 앉아
아모르의 신비에 잠기나이다.

깊은 명상에 젖으니
시간이 멎는 듯 황홀하나이다.

아모르는
신비의 주인

초월의 신비를
가르치는 스승

숨어 있는 신비를
황홀하게 열어주는 아모르는
신비 중의 신비이나이다.

2013. 11. 22.

아모르의 궁궐 80
- 다이나의 노래

감미로운 밤 보내고
새 날을 맞으니

아모르 한 송이
이슬 꽃처럼 피어오르고

순수의 향기
우주를 적시네.

2013. 12. 20.

아모르의 궁궐 89
– 체르보의 노래

타르소의 신비가가
눈 멀며 뒹굴었던
회심의 사건

의식이 새로워지는
존재론적인 전환
아모르 안에서 이네요.

2014. 1. 25.

아모르의 궁궐 90
- 다이나의 노래

민감하디 민감한
아모르는
신비를 익히는 으뜸 예술원

아모르의 아카데미아에서
날마다
사랑의 예술을 갈고 닦아요.

2014. 1. 27.

아모르의 궁걸 93
– 체르보의 노래

고요의 신비
잔잔히 흐르니

온 몸이
경건한 아모르가 됩니다.

향기로운 제물로
분향되는

흠 없이
고결한 아모르

신성한 제물,
아벨의 제물이 됩니다.

2014. 2. 2.

아모르의 궁궐 103
- 타고르를 기리며

선을 관조하는 마음에
가없는 선의 바다가 펼쳐집니다.

이른 새벽, 온 몸에 선을 쌓으니
마음을 보호해주는 바다가 되어
마음의 심연에선 신비가 피어오르고
그 한가운데에서 영광의 당신이 빛납니다.

오랜 시간, 너무도 오랜 시간
찾아 헤메었던 타가스테 신비가의 님이
그토록 낡았으면서도
그토록 새로웠던 아름나움으로
그의 영혼 가장 그윽한 곳에
그리운 신비로 머무르셨듯이

당신은
제 영혼의 심연에서
온 몸을 입맞추며 어루만져 주십니다.

그렇게 늘 제 안에 숨어 계신 당신을

황송하게도 내 사랑이라 속삭여 봅니다.

초라한 이 몸, 아모르의 의상으로 둘러 주시는
그윽한 당신 손길에
가슴은 터질 것 같고 하염없는 눈물이 흘러내립니다.

순수하고 영원한 아모르를 연주하며
어두운 마음을 가다듬어 주시고
아모르의 아모르를 읊으시는
당신의 신비로운 선율은
방황하는 제 영혼의 가장 그윽한 세계로 울려 퍼져,
끝없이 펼쳐지는 당신의 감미로운 예술에
황홀한 구슬이 쏟아져 나옵니다

한없이 감미로운 당신 아모르의 향유에
제 영혼은 온몸으로 흐느낍니다.

2014. 2. 18.

아모르의 궁궐 104
- 유리알

    1

깨달음은 빛이요
빛은 신비

신비는 오묘한 존재이고
오묘한 존재는 초월

초월은 영이며
영은 숨어 있는 사랑

    2

마음은 빛을 받아
보석으로 빛나는 구슬

마음의 구슬은
초월의 영을 오묘하게 비추는 유리알

우주의 존재가 어른거리는

초월의 신비

    3

신비 중의 신비는
순수 아모르

아모르는
절대 순수가 감도는 신비의 보석

우주의 중심에서
영원한 유리알을 비추어주는 사랑의 구슬

2014. 8. 15.

아모르의 궁궐 106
- 육조 혜능 선사를 그리며

보리(菩提)는 빛
명경(明鏡)은 유리알

빛은 신비
유리알은 신비를 비추는 구슬

신비를 즐기는
유리알 유희

2014. 8. 15.

아모르의 궁궐 122

이름 모를 야생초와 풀벌레가
하늘하늘
아모르를 유희한다.

2017. 8. 29.

아모르의 궁궐 126

귀뚜라미 울음
깊어가는 밤

고요한 바람
창가에 스치며

아모르의 현을
은은히 울리네

2017. 10.

아모르의 궁궐 130

연꽃에 앉듯

선의 꽃
고요의 꽃
아모르의 꽃 위에 좌정하니

부드러움의 꽃
우주의 꽃
신비의 꽃 황홀히 피어 오르네.

2017. 1. 12.

아모르의 궁궐 131

고요의 신비 안에서
온 존재가 당신의 아모르가 됩니다.

2019. 6. 23.

아모르의 향연을 동경하며

이 지상에서 가장 아름다운 보석 두 가지를 든다면, 성(性)과 사랑 아닐까요? 사랑 안에서 성은 유리알 보석처럼 신비롭게 빛납니다.

카톨릭 교회의 "성사"(聖事)는 그리스 말로 "뮈스테리온"(μυστήριον)이고 라틴 말로는 "사크라멘툼"(sacramentum)입니다. 모두 "신비"라는 뜻을 지니고 있지요. 전통적으로 성사는 "하느님 은총의 표지"라는 관점에서 조명되어 왔고, 이는 '보이지 않는 하느님의 신비를 드러내주는 표지'로 새겨들을 수 있습니다.

로마 교회법 제1061조 제1항에는 혼인의 개념이 다음과 같이 규정되어 있습니다: "영세자들 사이의 유효한 혼인이 완결되지 않았으면 그저 성립된 혼인이라고 일컫는다. 혼인이 그 본성상 지향하고 또한 부부가 한 몸이 되어 그 자체로 자녀 출산에 적합한 부부 행위를 부부가 서로 인간적 방식으로 행하였으면 성립되고 완결된 혼인이라고 일컫는다".

이 법 조항에서 "자녀 출산에 적합한 부부 행위"는 부부간의 성교를 뜻합니다. 카톨릭 교회에서 합법적으로 거행된 혼인은 부부의 자유롭고 인격적인 성교를 통하여 완결되는 셈이지요. 여기에는 부부간의 성교가 하느님 은총의 표지로서, 보이지 않는 하느님의 심오한 신비를 현시해 준다는 놀라운 신학이 담겨 있습니다. 그렇다면, 신랑 신부의 사랑 어린 성교는 혼인의 신비, 즉 혼인 성사의 열쇠에 해당되는 신비적인 행위로 조명될 수 있지 않을까요?

구약 성경의 아가서에서 향기롭게 주고 받는 신랑 신부의 애정이 암시해 주는 바와 같이, 우리들의 성(性)과 이로부터 솟아나오는 사랑은 너무도 숭고하고 아름답습니다. 그런 사랑 안에서 더없이 고결하게 피어오르는 성의 신비를 "아모르의 궁궐"을 통해 참된 아름다움, 빛나는 보석, 신성한 신비로 표현하고 싶었습니다.

계절의 변화에 따라 소생하는 만물이 곱게 피어나 결실을 맺듯, 생명의 질서에 따라 감미롭게 솟아나는 성의 자연적인 오묘함은 보이지 않는 하느님의 신비를 드러내 주는 거룩한 신비라는 믿음입니다.

고요히 응시하니, 삼라만상이 빛과 어둠의 아모르 속에 흘러가고 있었고, 크고 작은 생명체들이 아모르를 유희하며 번성하고 있었습니다. 식물들은 암술과 수술의 수정을 통해서, 동물들은 암컷과 수컷의 교미를 통해서, 벌들은 꿀을 따며, 미풍은 풀잎에 실링이며, 익어가는 과일은 햇살과, 바닷가의 파도는 자갈들과, 밤 하늘의 어둠은 별들과 아모르를 유희하고 있었더라구요.

2018년 어느 날 이탈리아 라 베르나 성지에서, 넋이 빠지도록 아름답게 물드는 저녁 노을을 바라보면서, 그 황홀함이 하느님께서 우주와 유희하시는 장엄한 아모르의 신비임을 깨닫고는 형언할 수 없는 행복감에 젖은 적이 있었습니다.

생명이 있든 없든, 우주 만물은 저마다 신비로운 질서에 따라 아모르의 향연을 펼치고 있고, 우리 모두는 우주적인 "아모르의 궁궐"에서 살아가는 옥동자들이요 공주들입니다.

그런데 과도한 스크린 문화에 현혹되어 본질을 상실할 위험성이 너무도 많은 오늘날, 우리들의 고귀한 성이 쾌락의 노리개나 상품으로 전락되는 경우들을 주변에서 적잖이 목격하곤 합니다. 이 어둡고 슬픈 현실을 마주하며, 우리들의 성이 자연적인 아름다움을 지니고 있을 뿐만 아니라, 인간적인 차원을 뛰어넘어 하느님의 신비를 현시해 주는 신성함 또한 지니고 있으니, 아모르의 신비를 바라보기만 하면, 우주 만물 안에 현존하는 아모르의 신비를 더없이 소중한 유리알 보석으로 유희하면서 진정으로 감미로운 신비의 향연을 충만히 누리게 되리라고 "아모르의 궁궐"을 빌어 속삭여 봅니다.

2022년 6월 12일 삼위일체 신비 대축일에,

고계영 파올로 형제